現代俳優教育論

～教わらない俳優たち～

北村麻菜

日本地域社会研究所

目次

はじめに
俳優教育の今（リアル）

■俳優教育にある危機感

将来、舞台に立つ俳優になりたいと思ったとする。そこで、疑問が2つ湧いてくる。1つ目は、俳優になるためにはどうしたらいいのか？　もう1つは、俳優にはどんな力が必要なのだろうか？　さて、この疑問にどのように答えるだろう。

あらゆる芸術のジャンルの中で、この2つの疑問（「どうしたらなれる？」、「どんな力を身につけなければいけないの？」）に対して、漠然とでも、そしてステレオタイプな内容であっても、比較的すんなり答えることのできるのは、美術と音楽であろう。まずは1つ目の疑問に対しては、絵の教室や、音楽教室に通うことを勧め、美大や音大で学ぶようにいうだろう。それで経歴に箔が付く。卒業後は、経済的には不安定になるかもしれないが、画廊などでの個展やグループ展に参加したり、コンサートに出たりする。海外に留学してもいい。それから、2つ目の疑問に対しては、基礎としてのデッサンや画材の取り扱いを学んだり、楽器の弾き方や譜面の読み方を学んだりする必要があるのでは？　とアドバイスができる。平行して美術史・音楽史などといった知識を身につける。その後は自分が専門としたい領域を選び、自分の芸術性を表現できる力を身につけていけばいいと勧めることができるだろう。

一方、漠然とでも答えづらいジャンルの1つが演劇であり、その中でも俳優という分野であろう。まずは「どこかの劇団に入るか、いくつかの大学でも勉強できるかもしれないけど、結局売れるかどうかのことを考えると、芸能事務所に入ってしまった方がいいのかもしれないよ」というアドバイスが出てくるだろうか。そして、「でも何を勉強するんだろうね？」と疑問返しになってしまうかもしれない。

音楽や美術における芸術家以上に、どうやったらなれるのか、どこで技術を身につけられるのか、そもそも必要な技術とはなにか、はっきりとした答えがないのが俳優である。俳優養成所があるじゃないか、と思うかもしれない。それでは、どの俳優養成所がどのような方針でどのようなカリキュラムで俳優を育てているか、違いはわかるだろうか。俳優には最低限演技力が必要だろう、と思うかもしれない。それでは、演技力とは具体的にどのようなもので、どのようにしたら身につくのかというようにさらなる疑問が湧いてくるのではないだろうか。

それは仕方のない話である。なぜなら、俳優とはとにかく曖昧で混沌とした環境の中にあるからだ。

現在、日本における小劇場の舞台俳優は、その多くはプロとアマチュアの狭間にある。ここでのプロかアマチュアかという分類は、俳優として生計をたてられているかという経済的な部分だけではない。俳優としての技術において、プロと呼べるものを持ち得ているかというものである。

実際、画家が絵を描く専門家であり、音楽家が音楽を奏でる専門家であると同様、演技を専門とする芸術家である俳優が、演技に関する「教育」を受けていないまま舞台に立ち、観客からお金を取るということが起きている。

その善し悪しはある。専門家教育を受けなくても舞台に立ち演じることができるということは、俳優への挑戦が簡単で可能性が広く、身近にあると言うこともできる。だが残念ながら、技術が伴わず、良い演技を見ることが少ない、技術だけでなく演劇に関する知識が少ないこともあるだろう。

しかしここに、1つの事実がある。

日本における俳優教育の場は非常に多く、数だけ見てもむしろ飽和状態にあるといっていい。具体的には劇団に付属する養成所、専門学校、大学といった教育機関から、単発のワークショップまでである。俳優志望者のさまざまな学びのニーズに応えられるようになっているのだ。それにも関わらず、専門家教育が他の芸術分野と比較して、浸透していないのはなぜか。

まぎれもなく、俳優をめざそうという人と教育とが結びついていないからではないだろうか。教育を受けたくてもどうしたらいいのかわからないことはもちろん、金銭面の理由などで、教育の場にアクセスしづらいという理由もあれば、調べてみたけれどその条件よりも自分の劇団で舞台に立ってしまったほうがいいと思ったという理由、もっというと何年間も勉強をすることが面倒だったという理由も想像できる。つまりは、俳優と教育の間には大きな乖離がある、これが現実なのである。

■俳優たちの本音「俳優教育はいらない」？

２０１１年～２０１２年に筆者は、そんな小劇場俳優たちの教育に関する意識を知るために、直接話を聞いてみることにした。対象は、日本に数千もあるという小劇場を中心に活動している劇団で俳優をしている４人である。一部の人は、劇団と合わせて芸能事務所に所属している。このような形は、おそらく日本の俳優としては一般的な姿であろう。

その結果を見てみよう（表1）。

インタビュー方法：1対1での対面調査　1人1～2時間（非構造的インタビュー）
対象：小劇場の劇団に所属、または客演の経験がある俳優４名
Aさん　30代後半男性　劇団主宰。芸能事務所に所属し、TV、映画、CM出演経験あり。
Bさん　20代後半女性　小劇場の劇団に所属。
Cさん　20代後半女性　小劇場を中心に舞台出演。芸能事務所し、TV、映画、CM出演経験あり。声優としても活動。
Dさん　20代前半女性　小劇場の劇団に所属。
※いずれも調査実施当時

表1

問.俳優教育機関で教育を受けたことがあるか？
A.上京して初めて入った劇団の青年部（筆者注：子役輩出で有名な大手の劇団。主として映像が多い。）で少し。内容はダンスやバレエといった訓練が多かった。発声や滑舌の訓練はあった。シェイクスピアを読んだり。
B～D.ない。
問.（Aへの質問）その劇団を辞めた後、演劇の俳優教育を専門的にどこかで受けようと思ったことは？
A.ない。一度は少しやったし、小劇場の劇団に客演したり、劇団に所属したりする中で学んだと思っている。
（B～Dへの質問）俳優としての教育を受けたいと思ったことは？
B.ある。今もあることはある。でも養成所に入ったら色々な制限が出てくる。（著者注：外部出演禁止の件。）それよりも舞台に出ていたかった。周りに養成所出身の人もいるけれど、そのスタイルを真似したいとは思わない。基礎を持っていたほうが、発展のしようがあったのかも、と思ったこともあるけど、それってダンスとか所作とか身体性を高めるためのものかなって。 C.ある。行っておけばよかったなと今は思うけれど、当時はそんな時間がもったいないって思ってしまったんだと思う。役者は（著者注：役としての）気持ちがあれば出来る。でも気持ちだけだと、声をつぶしたりする。だから何らかの技術があれば安心するかもしれないけど…。でも実際やってみて（著者注：そのやり方が）当たったらそれを学べばいいし、要するに（著者注：教育機関でやることは）知識でしょ。 D.ある。でも今までやっていて（著者注：客演や所属した先で）訓練とか知っている人がいてそこで色々ワークショップのようなものもやった。訓練を知っている人は、養成所出身の人や、その人がワークショップで教わったことを教えていた。
問.（B～Dへの質問）養成所行きたいと考えた時に、検討した養成所は？そこで何を学ぼうと期待した？
B.文学座、青年座、カトケン事務所（著者注：加藤健一事務所）とか俳優座とか。そういうとこだと、所作とかダンスは勉強できるかなって。 C.文学座とか。入って準劇団員になった人いる。養成所行くメリットは経歴では？安心とかどこどこ出身みたいな。 D.行くなら有名なところ、文学座とか俳優座とか。好きな俳優さんが出身だから無名塾とか。そういうところ入ったら一から学びたいなと。俳優に必要なダンスや所作の技術は、長い歴史のある養成所で学んだほうがよさそう。
問.役作りの方法は？演じる上で気をつけていることや心がけていることは？
A.自然であること。その役になること。お客さんに来てもらっているのに、自己満足じゃいけないからそうなってはいけないって思う。外からの目を気にするようにしているし、自分の劇団に出る人にも、それに気を付けるように言っている。 B.やっぱ自然に、でも前の劇団では（筆者注：現在は解散した劇団。）演出家がワークショップとかやってくれたし、リーディングとかモノローグ多かったから声の響きとか台詞とか意識するようになった。それは実践しながらわかったこと。 C.その役に自分を寄せるか、役を自分に寄せるか二つあると思うんだけど、自分だったらどうするか自分を基準に色々考える。最近は最初のやり方を目指している。声優やったから、自分を切り離して考えるというか。でも俳優やる時は自分の顔で（筆者注：舞台に）立つから、自分は完璧には離せない。よく言われるのは、役のバックグラウンドを考えるっていうこと。当たり前のことは、シーンの前後を考えたり。それ以外だと生い立ちを考える。友達役の人とリアルにするために遊びに行ったり。役作りの際導いてくれる人がいると楽だけど、いなくてもいい。結局は自分だから。調べる術はいくらでもある。良い演技って自分で「これいい！」って思えるのはなくて、人から言われて初めてわかるし、良い演技しようって思ってるわけじゃない。その言葉を発するときは、その気持ちでいたい。自分が観客として見た時に良い演技をしたい、それは非日常的な台詞を自然に出来る演技。でもキャラのある人は取ってつけたような演技をするから、究極は両方できることがいい。まずは普通に出来るか。 D.不自然な演技が良いってことはほとんどないから、リアルに。自分を忘れてその役になりきれるっていうことが大事な気がする。それが出来た瞬間を忘れないようにしたい。毎回は出来ないんだけど…。

この結果からまず見えてくることは、俳優教育機関の教育を受けたいと感じてはいるのだが、実際に教育機関に入るには至っていないという点である。その理由は、俳優教育を受けることに、①時間とお金を使う気にはなっていないから、②俳優に必要な技術は実際の舞台に立つ中で学ぶことができると考えているから、そして、③最終的には自力で学ぶことこそが重要であり、それは俳優教育機関でなくても自分の意識があれば学ぶことができると考えているからである。養成所出身の俳優とふれあうことや、ワークショップに行った俳優が身につけたトレーニングを行なうことで、わざわざ俳優教育機関に入らなくてもトレーニング自体は十分受けることができると感じているのである。

さらに彼らは、基本的には俳優の訓練というものに対して、多くを知らないという印象を受ける。俳優教育機関ではどのような教育を受けたいと思うか、という質問に対しては、ダンスや所作などの身体訓練、また「とにかく一から学びたい」という、漠然とした印象しか抱いていない。つまり、俳優教育機関で学ぶ学習内容、俳優の技術の内容、演技論や俳優トレーニングに対する知識は、ほとんど持っていないことがわかる。大手の劇団に一時所属して、教育を経験したことのある俳優も、演技のためのレッスンはなかったので受けていないが、基礎訓練のようなダンスやバレエや発声、滑舌の訓練は受けたとして、「その経験で自分の教育は終わった。あとは実際の舞台の経験で学んだ」と発言している。

そして、彼らの考える俳優教育機関として名前が挙がったのは、文学座や青年座など新劇系の俳優養成所であった。なぜそれらの養成所かというと、知り合いに出身者がいるという以外は、長い歴史があって有名で実績もあるということしか理由がない。しかしそれらの養成所は、将来の劇団員を育てることが目的の養成所である。それら新劇系の劇団の作品を見たことがあるか、そしてその演技を学びたいと思うのかを尋ねると、Bさん、Cさん、Dさんは、それぞれが挙げた劇団の作品を見たことはあると答えた。しかし、Bさんからは面白かったとは感じていないという発言もあった。そしてその劇団の演技を教わるということに対しては、BさんとDさんは、特に抵抗があるというような発言はしていないが、Bさんからは、新劇系養成所出身の俳優のスタイルを真似したいとは思わない、という発言があった。また、Cさんはそれらの新劇系劇団が上演する作品は好きではないと答えている。

ということは、俳優教育機関への認識が、それぞれの劇団の持っている芸術性などによって判断されているのではなく、歴史が長いから、有名だからということで判断されていることもわかる。

また1人を除いて教育を受けていない彼らが、「演じる」ということをどのように行なっているのか、何を心がけているのかについて聞いてみると、一様に「自然であること」を挙げている。彼らはテレビや映画の影響を強く受けた世代ということもあり、意識的にせよ無意識にせよ、自然な演技を目標にしている。そして自然な演技を実現するためには、やはり誰かに教わるということではなく、経験や自分なりのやり方でアプローチしていることが明らかになった。彼らの考える俳優教育機関である、新劇系の劇団付属の養成所では、リアリズムの演技を教えることは間違いないのだが、そのような養成所の教えるリアリズムが、自分の求める自然な演技かどうかまでは考えが至っていない。リアリズムそのものへの考えが、恐らくテレビや映画でのそれしかないように推測される。そして、自分の演技の芸術性は自然な演技以外にはないのかといった方向へ考えてはいない。演技そのものの考えには狭さがあるように推測できる。

このヒアリング結果を整理すると、俳優教育機関で教育を受けていない俳優たちの持つ、教育や俳優の技術への意識としては、

・俳優教育機関で勉強したいという気持ちはあった。
・しかし時間やお金の問題があって行くことができなかった。そこで時間やお金を使うより、実際に舞台に立つことでの学習を優先させた。

・俳優教育機関で学ぶ内容は、ダンスや所作といった身体訓練しか明確には認識しておらず、演技論や俳優トレーニングについての認識が浅い。また、演劇にまつわる座学的な学習などは挙げられていない。
・俳優教育機関として思いつくのは、新劇系の有名で実績のある劇団付属の養成所。だからといって、必ずしもその劇団の個性や演技が好きなわけではない。
・自分の演技は、自らが考える「自然な演技」を追求している。

という5点にまとめることができる。

何より、調査対象の4人はいずれも、「教育」から学ばなくても自分たちの経験から学ぶことで十分だと答えている。

また、やはり小劇場で芝居を行なう劇団を主宰し、俳優の指導も行なう立場である演出家兼劇作家の男性にも話を聞いたところ、自分の劇団にいる俳優に対してどのようにすれば技術を高められるのかわからず、基本的には俳優たち自身に任せていると答えている。

このヒアリング以外からも、参考になる調査結果があるので紹介しよう。日本芸能実演家団体協議会（芸団協）が行なった、実演家などのキャリアアップに求められていることを知るためのグループインタビュー調査、「1．実演家等のキャリアアップに求められていること―グループインタビュー調査」である。すでに実演家として活動している人が、さらにキャリアアップをしていくために何が必要かを調査したものである。俳優を一から育てる養成に関する調査ではないのだが、そこでは俳優教育にまつわる現場の声が聞かれ、大変興味深い。


「芝居は、声を出すことから身体を動かすこと、表現することなど、部分的にやることがたくさんある。それなのに、それぞれの専門家がほとんどいない。だから劇団活動をするにしても、先輩が伝えていくというやり方しかない。その先輩も、専門家に教わったわけではない。」

「日本の演劇界には俳優のためのメソッドがない。外国ではたくさんやっているのだから日本の演出家がその中から持って来て積極的にやればいい。」

「教えるためのメソッドというものは、何十年も俳優をやっている人たちは研修を受けなくても実生活の中で知っている。ただ今まではそういうことに目が向かなかっただけだ。実際に劇団でやっていたりマスコミに出ている人たちのほうが演劇指導法を持っている。今はアメリカやイギリスの情報がいっぱい入ってきているから、それを知れば皆やると思う。」

――日本芸能実演家団体協議会

『芸能による豊かな社会づくりのために――提言と具体化への道筋――ＰＡＲＴⅡ』

この調査においても、現在の俳優たちの学びとは、「研修を受けなくても、実生活の中で知っている」という言葉の示す通り、教育機関に頼らず、実践の中で伝えられたものを自分で学んでいくやり方をとっていることがわかる。

また、俳優の演技については、日本に「俳優のためのメソッド」がないと指摘されており、ないのならば演出家が外国から取り入れればいいということが主張されている。そしてそれらが海外から紹介されれば、「皆やると思う」と述べられている。

どうにも他人事のような口ぶりで書かれているあたりがおもしろいのだが、若い俳優たちだけでなく芸団協の調査結果からも、俳優教育は現場ではそれほど重要視されていないことがわかる。

■俳優教育をめぐる真の問題

なぜそのようなことが起きているのか。それは日本の小劇場で活動をしている劇団やユニットの公演の打ち方を見ていけばわかる。

小劇場を中心に活動する劇団やユニットの場合、まずは参加する人から参加費を集める。一定額集まったところで、そのお金で劇場を借りて、稽古をし、準備を整えて公演を行なう。チケット販売はノルマ制の場合が多い。当然、劇団によってやり方は違うものの、基本的には自分たちが公演にかかる費用を負担して、収入はある意味度外視で公演をしている。2千とも3千ともいわれる劇団の中には、劇団の主宰や、プロデューサーがいる場合はプロデューサーがファンドレイジングを行なっているところもあるだろう。しかし多くは自分たちのお金で公演を打ち、若干の黒字か、多くの赤字で賄っている。実際に、小劇場演劇でのチケットノルマ制の実態を調査し明らかにした、田村公人著『都市の舞台俳優たち―アーバニズムの下位文化理論の検証に向かって―』では、東京での小劇場演劇は、小劇場演劇を見る観客が一定数いるというわけではなく、チケットノルマを抱えた小劇場で演劇をしていている1万5千人もの俳優たちが、互いに公演を見合うことで成り立っているという衝撃の調査結果を報告している。

しかしこの状況を悪いと判断するのは、早計である。逆にいえば、若い演劇人たちは自分たちの作品発表の機会を、諸外国以上に簡単に持つことができるともいえる。ただし、舞台に立ち観客に見せるレベルと、実力のレベルとが一致していないこともある。お金を出せば演劇ができる、俳優という職業へのアクセスが簡単で、特別な訓練を受けなくても俳優として舞台に立つことができてしまうことから、教育への認識の低さにつながっていると考えられるのだ。

普通なら、このような状況に危機感を抱き、俳優教育を浸透させるにはどうしたらいいかという問題点を提議し論議していくところである。現に、俳優教育の現状に対しては、さまざまなところから疑問の声や、対応の必要性が叫ばれている。演出家が著書の中で述べ、学会でも取り上げられ、現役で大学などの俳優教育の現場で講師を担う人によって問われている。その中には、日本にはそもそも俳優教育の仕組みが歴史的に確立されてこなかったからだという指摘や、大学教育の中で俳優の技術を教え育てることができるかという問題提起や、諸外国に比べて公立で芸術家である俳優を育成する場がなさすぎるといった意見や、教育機関同士で連携して日本の俳優教育を盛りたてることができないかというような提案もあるのだ。

しかし、水を差すようで申し訳ないが、果たして日本の俳優教育には本当に問題はあるのだろうか。

というのも、俳優たちが教育は必要ないと思っていて、教育環境が混沌とした中でも、優れた俳優は生まれている。もちろんレベルの差はあるが、演劇作品として成立し、作品の価値を高めることができる演技をする俳優はいる。しかしその俳優が、養成所や大学といった俳優教育機関で教育を受けたかどうかということとその能力は、必ずしもイコールではない（もちろん天才ならば、教育を受けるかどうかなど関係はないのだが、1人の天才は除いた俳優たちという括りで捉えてもらいたい）。

つまり、俳優教育の問題を議論するときに考えなければならないのは、俳優自身が「教育」を受けなくてもいいと思っていることや、俳優への教育が行なわれていないことは「悪いこと」だから「是正しよう」という単純なものではない。まずは、混沌とした状況を整理する必要がある。具体的には、まず①なぜ俳優は教育と距離を置いているのか、教育を必要としない日本の俳優は、技術をどのように身につけて舞台に立っているのかという点を検証することと、②教育の提供側である俳優教育機関はどのような学習を提供しているのかを検証する必要がある。その上で俳優と俳優教育機関の双方の間にあるギャップを、どのように捉えるかを考えるべきなのではないか。

しかし、俳優教育の問題で課題があると指摘されているのは、多くの場合、俳優教育の仕組みや運営方法、また教育が終わった後の俳優の生活といった社会問題に分類されるものに注目が集まっている。肝心の中身である、俳優は何をどのように学ぶのか、教育機関の側は何を提供するのかという分析や議論は進んでいないように考えられる。

その証拠に、研究の分野でも、日本の俳優の演技に関する文献は圧倒的に少なく、演技の研究はそこまで進んでいるとは言えない。演技指導法の本はいくつかある。またパフォーマンス研究において演技を扱うものはあるが、演技の持つ性質や身体との関わり、特定の劇団の芸術性を語るようなものが多く、今日行なわれている俳優の演技の分析や、まして俳優がどのように演技を学んでいるのかについてまとめたものは少ない（おもしろいことに、海外でまとめられている俳優教育やトレーニングの実践については紹介する文献もある。きれいに演技論として整理されているから取り上げやすいのだろう）。

俳優がなぜ教育を積極的に受け入れないのか、さらに一歩踏み込んで、今の日本の俳優教育とは何なのかというところから考えない限りは、ハコとしての教育の議論にとどまってしまうのではないだろうか。本書は、この問題点を取り上げるものである。

俳優教育が浸透していない現状について、俳優教育を提供する側（俳優教育機関）と受ける側（俳優）の双方の立場を分析し、考察していく。そして、教育を提供する側が考える学びの形、受ける側が考える学びの形という切り口から、今現在のわが国における俳優教育を考察していくことを目的としている。そのため、「現代俳優教育論」というタイトルをつけた。大きいタイトルではあるが、混沌とした演劇の世界の現代（いま）を生きる俳優たちに、教育という視点をもって一本の小径を切り拓くことができればと考えている。そして、俳優たちが教育について悩んだときに、今の状況を知るための一端を担うことができればと思う。

さて、本書は2部構成にしている。前半は、日本の俳優教育の過去と、過去から影響を受けた現在を語り、乱立し混沌としている俳優教育の今を整理することにしたい。いわゆる演劇という舞台芸術が輸入された、明治時代以降が対象である。日本の近代演劇を引っ張った新劇が俳優教育もリードし、戦後のアングラ演劇では日本初の日本人による俳優教育のトレーニングや演技論が生まれた。そして現在、どのような所で俳優教育が行なわれているかを確認する。

後半では、俳優教育を提供する側である俳優教育機関の最前線を、2つの俳優教育機関を事例に取り上げつつ、教育の受け手である俳優の学び方について考える。そして双方のギャップを埋めるための俳優教育にはどのような形がふさわしいのかを探る。

まず第1章では、日本の俳優教育の前史として、俳優の技術や教育が体系的に整理されていない日本に対し、俳優トレーニングという一分野としてまとまっている諸外国の演技論を取り上げる。日本の俳優教育の夜明けは、海外の演技論と出会うことで大きく揺れ動く。演技論の王道である、20世紀のスタニスラフスキーの演技論と俳優トレーニングからはじめ、それ以降日本にも影響を与えた海外の演技論を取り上げる。そして、日本では、俳優の演技とどのように付き合ってきたのかを、時代を追って見ていくこととしたい。

第2章は、日本の俳優教育の事始を取り上げる。明治時代、それまで国内にあった演劇に対して、西洋から入ってきた新しい「演劇」というものを演じるためには、新しい俳優が必要だった。俳優教育は、演劇を日本でも上演するために必須であり急務のプロジェクトであったのである。そのため、明治時代から現在まで、俳優教育そのものには意欲的に、積極的に取り組んで、俳優教育機関が多く生まれるに至った。その歴史を振り返るとともに、現在の状況を整理する。

第3章では、今行なわれている2カ所の俳優教育の現場を取り上げ、調査結果を基に事例研究を行なう。これまで劇団の養成所や専門学校、大学、ワークショップといった、私的な機関ばかりが担ってきた俳優教育に、近年公的な機関、国や自治体の管轄下にある機関も加わることになった。それが公共劇場における人材育成事業としての俳優教育である。俳優教育機関が乱立しているにも関わらず、過去から今まで教育がしっかりと俳優に根を下ろしていないという状況に、国や地方自治体に属する劇場が立ち上がったのである。今の俳優教育機関を知るには、俳優教育の最新の動きである公共劇場での俳優教育を知ることが早い。そこで事例として、国立の劇場である新国立劇場に付属する新国立劇場演劇研修所と、東京都杉並区の区立劇場である、座・高円寺にある劇場創造アカデミーを取り上げる。それぞれのカリキュラムには、今の日本の俳優教育の状況を分析し検討した結果が反映されている。しかし、カリキュラムを分析すると、それぞれ全く違うアプローチで俳優を育てようとしていることがわかる。つまり、この2カ所のカリキュラム分析からは、学び方に対する2通りのアプローチが見えてくる。この方法論の違いについて考える。

第4章では、俳優の側に視点を移す。教育に頼らずに技術や力を身につけようとしている日本の俳優にとって、演技の学び方とはどのようなものかを考える。俳優以外にも目を転じると、日本人の「芸やワザ」の身につけ方は教育に頼ってはいない。これは、技術の継承方法として今も受け継がれている学びの手段である。俳優においても同じことが言えるのかもしれない。俳優の枠を超えた、日本人の芸やワザの学び方、そしてひとづくりについても考察を広げてみる。

「日本の俳優教育に問題はあるのか。」このような論点の置き方はもちろんこれまで行なわれてはこなかった。しかし、今指摘されている俳優教育に関する問題は、中身の検討が行なわれずにいたために、空回りしている可能性が高い。少々乱暴ではあるが、出発点に立ち戻り、強引にもこのように考えていくことで、俳優教育で真に求められていることを考える入り口に立つはずである。

第１章

演技から見る演劇史
――演技論と俳優トレーニングの展開

■海外における演技論と俳優トレーニング

俳優の技術とは何か、どのようにしたら身につけることができて、もっとうまくなれるのか。俳優でなくても疑問に思うことを、私たちはかなり古い時代から考えてきた。世阿弥による「風姿花伝」は、能という上演形態における演劇論をまとめたもので、そこには能の演技に関する記述、つまり演技論も見ることができる。また、文豪ゲーテも１８０３年に、口述をまとめたとされる「俳優のための規則」を出している。この中では、ゲーテが指導した演技術の代表的なものが記されているという。

ただ、現在の演劇にも強く影響を与えている演技論と俳優トレーニングは、19世紀末から20世紀のはじめに活躍した、ロシアの演劇人コンスタンティン・スタニスラフスキー以降のものだといえる。スタニスラフスキーの登場によってそれまでの俳優の演技に価値転換が起こり、俳優の演技が体系的にまとめられ、やがてその演技を実現するための訓練である俳優トレーニングが完成し、それは現在も世界的に影響を与えている。スタニスラフスキーの演技論、それによって作られた俳優トレーニングは、多くの国の演劇においてお手本とされているのだ。

日本の俳優教育も、海外の俳優トレーニングの存在を知ることによって、これを輸入し実践しようと試みた。またそれだけでなく、俳優トレーニングやトレーニングを作る基となった演技論の違いが、俳優の演技においてスタンダードか前衛かという二項対立を生み出すような大きな存在にまでなっている。そのため、本書を語る上での前知識として海外の俳優トレーニングを紹介したい。

しかし演技の変遷を振り返るといっても、本来演技の歴史を述べるだけでも非常に大きなテーマであり、特にわが国の俳優の演技にも多大な影響を与えているものである、「心理的リアリズムの演技」とその反発から生まれた「身体性を重視した演技」という2つの側面に絞って見ていく。取り上げるのは、俳優トレーニングや演技論を語る上で欠かせない、スタニスラフスキーの「システム」、「システム」に反発して生まれたメイエルホリドの「ビオメハニカ」やブレヒトの俳優トレーニング、また全面的に「システム」を受け入れることから生まれた「メソッド演技」、そしてさらにそこから反発するように生まれ世界中に多大な影響を与えたグロトフスキを取り上げたい。

(1)スタニスラフスキー以前から「システム」の完成

コンスタンティン・スタニスラフスキー（1863―1938）はロシアのモスクワで生まれている。リアリズム演劇の成立に多大な影響をもたらした彼の業績は、それまでの演技に付きまとう不自然な演出や演技の約束事を廃し、劇中の人物を実生活の人物のようにリアルに見せること、つまりリアリズムへと演技の価値を転換したこと、そしてそれに基づいて俳優のトレーニングを作り上げたことである。

リアリズム演技を追求しようとした背景には、文学にリアリズムや人物の感情描写を詳細に行なう空気が流れていたからであろう。演劇は、戯曲、つまり文学を基にして作られる芸術である。文学が現実世界をそのまま描き、登場人物の描写も心理や感情を深く掘り下げるようになっていけば、そのような作品を演じるためには、演技ももちろんそれに合わせなければならない。

スタニスラフスキーが慣例による演技をはじめて問題視して、リアリズム演技を生み出したようなイメージがあるが、彼より前に生まれた俳優ミハイル・シチェープキン（1788―1863）はすでにリアリズムへ演技の改良をはかっていた。シチェープキンはマールイ劇場に出演し続け、この劇場は「シチェープキンの家」と呼ばれるほど、ロシア演劇において重要な人物である。

シチェープキンが見ていた当時の演技とはどのようなものであったか。イギリスにおける俳優教育の指導者であり、ユネスコ国際演劇協会演劇教育委員会会長を務め、スタニスラフスキーの著作を英語に訳したジーン・ベネディティは、著書『スタニスラフスキー入門』の中で詳細に描写している。わかりやすくまとめられているため、少し長いが引用してみよう。

「俳優たちは演説調でせりふを謳いました。シチェープキンの『備忘録』によると、『俳優の演技は、自分の自然な声ではなく、完全にわざとらしいトーンで、大声でせりふを言い、それにあて振りがついていれば良しとされた。「愛」「情熱」「裏切り」といったことばができるだけ大声で叫ばれたが、顔の表情はそれについていかず、いつも緊張していて不自然だった。』

退場では右手を振って挨拶するのが慣例でした。しかもその際、俳優が観客に背を向けると失礼だとされ、いつも前向きの姿勢で行われました。俳優はこの規則に違反しないよう退場するため、多大な時間と努力と工夫を強いられました。

ステージングの方法も同じように厳しく決められていました。演技エリアは前舞台と置く舞台の2つに分けられ、片方は俳優は動いてもいい可動エリアで、もう片方は動いてはならない非可動エリアでした。非可動エリアでは俳優たちが印象的なポーズをとりましたが、そこは貴族の役のための場所で、その家がそちら側にしつらえていました。可動エリアは外の世界から来た下層階級の人物の領域で、彼らは台詞の言い方よりも激しく、威厳の薄いものでした。また、舞台を上・下手にわたって水平に分けることもありました。主役は前舞台、脇役は中央、小さな役は奥舞台という具合です。」

——『スタニスラフスキー入門』ジーン・ベネディティ著、松本永実子訳どうだろうか。今の私たちから見ると、約束事が多く、どちらかといえば歌舞伎のようなイメージがより近いだろう。ただ、現実世界からはかなりかけ離れた演技空間であり、この手法ではのちにスタニスラフスキーが率いるモスクワ芸術座が公演する、チェーホフの作品などはできたものではない。

そしてこれは、ロシア演劇だけの事情ではないようである。引用が伝えたような演技が行なわれていた当時のロシアの国立劇場では、フランス演劇を模倣していたという。つまりフランスでもこのような演劇が当たり前であったことがわかる。

シチェープキンも俳優として、このような演劇に無理があることに気がついた。日本でいう紋切り型のような形式に縛られ、形式を守りさえすればいいとした俳優の演技は否定し、舞台での俳優の演技に自由を与え、現実との不自然なギャップを埋めようと考えた。シチェープキンは劇作家ゴーゴリとも親交があり、彼ら2人でロシアの俳優が進むべき新しい演技の道を求めるとともに、俳優にアドバイスも行なった。シチェープキンは、スタニスラフスキーのように彼の考えを体系化してまとめるようなことはしていない。しかし、彼の行なった改革は、この後の俳優の演技に革命をもたらした。

スタニスラフスキーは、33歳までアマチュアとして舞台に立っていた。シチェープキンが亡くなった年に生まれた彼は、シチェープキンの改革の空気を肌で感じることができたのだろう。シチェープキンやゴーゴリがめざそうとした新しい演技の手法を、体系的にまとめ、方法論を完成させようとしたのである。

シチェープキンやゴーゴリがめざし、スタニスラフスキーが受け継いで体系化させ成立させた新しい演技スタイルこそが、現実の人間の生活を舞台上でも再現するリアリズムの演技である。しかしスタニスラフスキー以前の形式に沿う演技は、俳優がある意味で身体的な型を実現する。現実世界では、型などもちろんあり得ない。しかも一つ一つの型には、登場人物の心情を反映させたものでもない。このような演技を否定し、実際生活している人間のようにその役の心理が動く様を表現する。そして俳優が陥りやすい、同じことを繰り返すことで新鮮な心理状態を忘れ、感情の乏しい演技にならないようにもする。そしてスタニスラフスキーは、心理的なリアリズムを表現する演技をいかに作るか、リアルな演技をする俳優を育てる方法論を考え出した。それが今日、スタニスラフスキーの「システム」、「スタニスラフスキー・システム」と呼ばれている俳優トレーニングである。

スタニスラフスキーの「システム」という俳優トレーニングは、心理的なリアリズムの演技を１つの価値基準として、その演技を作るプロセスをたどる訓練である。演技作りを15の段階に明確に要素分析し、その段階を経ることでリアリティのある演技ができるとされている。そして俳優の演技1つ1つに、登場人物の感情の裏付けがあるとし、さらにその感情を生み出すには登場人物の人生が背景にあるという考えから、登場人物を一から創造していくものだ。

スタニスラフスキーはモスクワ芸術座という劇団内で、俳優トレーニングである「システム」によって俳優の訓練を行なった。リアリズムの演技をする俳優によってチェーホフの戯曲を上演して成功し、リアリズム演劇という新しい演劇を確立したことで有名になった。

このトレーニングや彼の演劇思想は、ロシア国内はもちろん世界にも大きな影響を与えたが、その演技論が彼の思想通りに受け取られたわけではない。彼の演技論の受容において、俳優の演技にまつわる二項対立を生み出してしまった。それが心理的リアリズムの演技と身体性を重視した演技の問題である。

彼の演技論の登場によって、それまで中心だった形式に則って行なう演技は否定された。その代わりに、役の感情の微妙な動きも現実の人間のように再現するリアリズムの演技を打ち出し、それによって彼の名は世界中に轟いた。ところが、スタニスラフスキー自身は、人間の心理的な動きには身体の動きも一緒にあり、身体もまた心理的な動きに通じるという、心身一体の考えを採用していた。心理的リアリズムを表現するということは同時に身体的なアプローチも必要とするとして、スタニスラフスキーは心理的なアプローチの他、身体の研究にも取り組んでいたのである。

この点は、今に至るまで誤解を生んでいるところである。なぜスタニスラフスキーの「システム」では、心身一体の考えがスタニスラフスキーの意思通り伝わらず、心理的リアリズムに偏重して受け入れられることになってしまったのか。

もちろん、心理的リアリズムの演技は非常に注目を集めたため、身体的なアプローチがその影に隠れたという理由がある。当時の形式から入る演技に対しては、日々の生活で感じるリアルな感情をあらわにする演技が画期的であり、その裏にある身体の働きが軽視されたのは当然の流れかもしれない。

しかし、もう1つの大きな原因として、スタニスラフスキー自身の著作の出版が挙げられる。スタニスラフスキーは、自分の芸術を著作、『俳優修業』あるいは『俳優の仕事』（邦題の『俳優修業』は山田肇の訳によるもので、原著の英語訳から日本語に訳されており旧版といわれている。次の『俳優の仕事』はロシア語からの翻訳である）にまとめているが、原文では膨大なページ数のために、第一部と第二部に分けざるを得なかった。

第一部で、彼の理論の半分である心理的リアリズムについて語ったものを出版すると、多くの人にとって、それが彼の「システム」のすべてであるように、それこそ世界中に捉えられてしまった。彼は晩年にかけて特に身体性について力を入れて伝えようとしているのだが、時はすでに遅かった。スタニスラフスキーと一緒に劇団にいた人物でさえ、心理的リアリズムにばかり注目し、身体の重要性を理解していなかった。そのような人が講演に呼ばれても、身体性の話をするはずもない。それで現在に至るまで、スタニスラフスキーは心理の演技の人といわれ、最近の研究でようやく彼の身体への着目について知られるようになったのである。とはいえ、晩年、彼が力を入れて伝えようとしたスタニスラフスキーの「システム」における身体的行動とは、結局のところ心理と連動した身体の動きであり、最終的には「システム」は人間の心理を表現するための演技術であることは留意しておく必要がある。

心理と身体という2つの切り口について、スタニスラフスキーの本意通りに、彼の演技論や「システム」の受容や理解が進まなかったことは、本人にとっては残念なことかもしれないが、演技論の変遷には結果的に大きな潮流を生み出した。これ以降の演技論や俳優トレーニングは、スタニスラフスキーの「システム」の解釈、特に心理的リアリズムか身体表現かという二項対立、そのどちらかをどのように捉えるかということから波及していったものともいえるからである。心理か身体か、という論点の置き方は現在に至ってもスタンダードか前衛かという芸術性の対立を意味するほどである。心理表現の演技が俳優の演技のすべてかという反発が、その後の演技論の発展の起爆剤になっていくからである。

その最初の1つの動きとして、スタニスラフスキーと同時代のメイエルホリドのビオメハニカと呼ばれるトレーニングがある。

(2) メイエルホリドの実験—身体への着目

フセヴォロド・メイエルホリド（1874—1940）は、スタニスラフスキーのモスクワ芸術座の創立メンバーであったが、スタニスラフスキーの業績は認めながらも、「システム」の限界を指摘した人物である。スタニスラフスキーの「システム」は、舞台の行動を現実世界のとおりに再現したのに対し、メイエルホリドは演劇空間における演劇性を追求し、俳優には単なる現実の模倣以上の能力があると考え、様式化された手法を探究していった。

彼の俳優トレーニングである「ビオメハニカ」は、身体性、身体科学との結びつき、身体の運動による学習過程である。これは俳優の身体的、空間的、リズミカルな表現手段の高度な形式を通して追求した内容である。これは明らかに、心理的リアリズムを用い、その実現のために身体的なアプローチも並行して行なうというスタニスラフスキーとは一線を画し、俳優の身体性に重点を置いているものである。メイエルホリドは、彼が粛清されるまで、リアリズムを否定し身体性に着目、様式された表現手法に基づいたトレーニングで俳優を訓練し俳優を輩出していった。

スタニスラフスキー以降、活発に作り上げられた20世紀の演技論と俳優トレーニングをまとめた『二十世紀俳優トレーニング』では、スタニスラフスキーの次にメイエルホリドの章が設けられている。その中で、スタニスラフスキーの「システム」との比較として、ロシアの批評家ニコライ・ペソチンスキイの言葉を取り上げている。

「ビオメハニカでトレーニングされた俳優の力には、日常生活の模倣ではなく、潜在意識のイメージの連想や、メタファー（隠喩）の具体化へ向かう力も備わっている」

――『二十世紀俳優トレーニング』アリソン・ホッジ編著、佐藤正紀ほか訳

早くも、「システム」の限界が理解され、リアリズムの演技によって生活の模倣をしなくても、俳優の身体に注目して活用することでより観客の感じるリアリティを想起させることができるという指摘がされている。

(3)ブレヒトと「システム」

またドイツの劇作家であり演出家のベルトルト・ブレヒト（1898—1956）も、スタニスラフスキー以降の心理的リアリズムの演技を認めながらも論理自体は否定的に見て、独自の演技論と俳優トレーニングを展開させた1人である。ブレヒトは、彼の叙事的演劇の中で観客が安易に感情移入することをあえて止める手法、「異化効果」を取り入れていることで知られている。そこからもわかるように、俳優の心理的リアリズムの演技によって、観客も俳優自身も感情を揺さぶることによって作品を見るのではなく冷静な判断を求めている。

彼は著作の中で、スタニスラフスキーの「システム」に基づいた俳優トレーニングについて次のように批判している。

「これじゃあ魔法の使い方の教程だ、と思うかもしれないが、いわゆるスタニスラフスキイ方式による俳優術の教程なのである。観衆にいもしないねずみを見せるようにさせる能力をひとにあたえるテクニックが、真実をひろめるのに、じじつそれほど適しているかどうかは問題である。アルコール分のたっぷり入った演劇術を用いずとも、たいていのひとにいたるところで、ねずみではないが、白いはつかねずみなら見るようにしむけることはできるのだ。」

――『ブレヒト演劇論』ベルトルト・ブレヒト、小宮曠三訳

スタニスラフスキーの演技が、登場人物の行動の説明をキャラクターの内側に見い出そうとするのに対して、ブレヒトによる俳優の演技は、それを演劇空間から外れた社会や環境の中にこそ求めているという。彼の演技への取り組み方、俳優トレーニングの第一歩は、心理的リアリズムでも身体的行動でもなく、社会的環境や政治的な考察を考えることからはじまるのである。

ブレヒトの演技論は、特にスタニスラフスキーの演技論と真っ向から対立していたと思われがちだが、スタニスラフスキーの業績を認めてもいたと考えられている。スタニスラフスキーの著書『体現の創造的な過程での自分に対する俳優の仕事　第二部第二巻』の資料に掲載されている、ケーテ・リューリッケの「スタニスラフスキーとブレヒトの創造方法」によると、この2人の演出家の創作における意見の一致があると指摘している。また同じく資料の項で、ブレヒト本人による「スタニスラフスキーについて」という論文も掲載されているのだが、ブレヒトがどれだけスタニスラフスキーを研究していたかがわかる資料ともいえるのである。

ブレヒトの場合「役になりきる」ことと「役について語る」ことを、交互にできるような俳優を理想とした。スタニスラフスキーの心理的リアリズムを、演技における一定のスタンダードと

認め、その上で自身の論を展開していったと考えられる。これはスタニスラフスキーの心理的リアリズムが短期間で世界的に知れ渡り、その受容が急激に進んでいったことの証明でもある。

とはいえ、現在においてもブレヒトの演技は、スタニスラフスキーの「システム」に対する演技の象徴のように捉えられ、多くの演劇学校で教えられている。スタニスラフスキーの演技もブレヒトの演技も、著作によって言葉で後世へ書き残したとしても、なかなか創造者本人の意思が伝わらないものである。

(4)心理強調の「メソッド演技」

これまでのメイエルホリド、ブレヒトのようにスタニスラフスキーの心理的リアリズムの演劇と「システム」を批判する形で新たな演技論が生まれていったのとは逆に、スタニスラフスキーの演技論が全面的に受容され、圧倒的な演技の主流となった例といえるのがアメリカの俳優の演技である。前出の、メイエルホリドとブレヒトが心理的リアリズムに否定的な立場から、1人は身体性、様式性に着目し、1人は心理的リアリズムに偏ることなく社会的な目線を持つことから新たな演技や俳優トレーニングを開発していったのに対して、アメリカの演劇人たちが生んだ「メソッド演技」は、心理的リアリズムに偏重した演技や俳優トレーニングであるといえる。

アメリカにおいて心理的リアリズムに偏った演技論、それに基づいた俳優トレーニングが生まれた背景には、スタニスラフスキーの「システム」の伝わり方の問題がある。アメリカでは、スタニスラフスキーの著作のうち心理的リアリズムについて述べた第一部の出版と、身体的行動について述べた第二部の出版までの間が、なんと12年もあいてしまった。加えて、モスクワ芸術座を辞めてアメリカに渡ったリチャード・ボレスラフスキーやマリア・ウスペンスカヤらが心理的リアリズムの面を中心に伝えてしまった。これらの問題から、身体的アプローチは伝わらず、心理的リアリズムの演技だけが受け入れられてしまったのである。

ボレスラフスキーやウスペンスカヤらから指導を受けた中に、リー・ストラスバーグ（1901―1982）がいた。彼はグループシアターという劇団を結成、その中でスタニスラフスキーの「システム」から心理・感情面を強調した「メソッド演技」が生まれた。

前述のジーン・ベネディティによると、メソッド演技は、与えられた状況を俳優自身の人生で置き換え、人物の心理を俳優の人格と置き換えるものであると書いている。そして俳優は演じる登場人物の生活を生きることによって、その役で人生を追体験するものであるという。

グループシアターは「メソッド演技」によって、より自然な演技を模索して活躍の場を広げていった。「メソッド演技」における心理面からの役と俳優の同化による演技は、アメリカでのフロイトの心理学人気にも共鳴するところがあり、俳優の演技における正解のように扱われたのであろう。またアメリカの一大産業である映画においては、観客の目が舞台以上に俳優に肉薄するため、俳優の感情の細かな動きの伝わる自然な演技が役立つ。次第に「メソッド演技」はアメリカの俳優のスタンダードとなって浸透し、アメリカ国内で急速に広まることになる。

するとその中から、ストラスバーグの「メソッド演技」からさらに自己の演技解釈を加える人物が出てきた。ステラ・アドラー、サンフォード・マイズナーは、それぞれ「メソッド演技」に改良を加えて、演技論を作りあげた。俳優トレーニングも編みあげ、自ら指導者になった。彼らは、ステラ・アドラー芸術学校、ネイバーフッド・プレイハウス演劇学校を作ることによって、アメリカの俳優教育を充実させていった。一方のストラスバーグは、ニューヨークのアクターズ・スタジオという俳優養成学校に参加し、芸術監督となった。アクターズ・スタジオは、現在に至るまでメソッド演技の技法を身につけた多くの俳優を輩出している俳優教育の現場であることは、あまりにも有名である。

(5)グロトフスキと俳優の身体

役の心理、感情を強調した演技論と俳優トレーニングである「メソッド演技」が成立し、演劇のみならず映画などの分野で世界中にその演技をする俳優が知られるようになる中で、俳優の身体に着目した演劇を打ち出して影響を与えた演劇人がいる。それがポーランド出身の演出家イエジー・グロトフスキ（1933―1999）である。彼の演劇は、持たざる演劇（poor theatre）と呼ばれ、演劇とは俳優の身体による芸術であるとしてそれ以外の要素はなくても良い、演劇的交換の核心である俳優と観客との出会いだと強調した。つまり彼の演技、俳優トレーニングは、俳優中心、俳優の身体への着目がある。

「二十世紀俳優トレーニング」のグロトフスキの章では、グロトフスキとメイエルホリドとの共通性が指摘されている。「メイエルホリドの信念である、日常の社会生活の表面を模倣することを自然主義的に強調することは、しばしば『真実』のより深い層を見えなくする」ということを彼も共有していたというのである。そして彼の劇団である演劇実験室では、「俳優が何の障害もなく、また気まぐれな霊感を待つこともなく、彼（女）の仕事を成し遂げられるようにする演技トレーニングの方法論を明示していた」という。

つまり、グロトフスキは、スタニスラフスキーの「システム」による心理的リアリズムの演技や、「メソッド演技」という俳優の心理や精神性といった、目に見えないあやふやで時としてムラのできうる演技に限界があることを見抜いていた。そして現実の生活の模倣を取り入れるのではなく、演劇の劇空間を俳優の身体と、それを見る観客に委ねていた。そのため、演劇が提供できうる最小限でかつ最大のものである、俳優の身体に着目した肉体的訓練を行なった。音声のトレーニングをはじめとする訓練だったというが、肉体の訓練を通じて見える精神性を養うこととしていた。

このように欧米の演技の変遷を振り返ってみると、20世紀のはじめまでの紋切り型のような形式に則った演劇は、スタニスラフスキーがリアリズムに基づいた俳優の演技を体系的にまとめることで、大きな発展を遂げた。20世紀の欧米における演技論、そしてそれに基づいた俳優トレーニングの変遷は、スタニスラフスキーの「システム」を元に展開してきたという特徴がある。この1世紀の間でスタニスラフスキーの演技論は世界的に広がり、俳優トレーニングが行なわれ、またそこからの反発や受容によって次々と新しい演技論、俳優トレーニングが誕生していった。

このように考えていくと、スタニスラフスキーが思い描いたような、どんな作品にも通用する普遍的な演技というものは存在せず、特定の集団（劇団などの上演団体や、国など）の中でしか通用しないということがわかる。俳優の技術を教える諸外国の演劇学校においても、この点を反映してか、1つの主たる演技理論を採用はするが、授業科目においては複数の演技論、俳優トレーニングが教えられている。あらゆる種類の作品、演出に対応することができる俳優を育成しているのである。特に欧米においては、エージェントを通じたオーディションが盛んである。そのため、俳優教育機関では、複数の演技論の教育を受けて広い汎用性を身につけることが重要だと考えられているのである。

■日本における演技の受容と発展

さてこのような世界の演技論、俳優トレーニングの隆盛を日本はどのように受け止めていったのだろうか。その変遷をたどっていくこととしたい。

ただし、これも日本の演劇史をなぞることに相当することであり、非常に大きなテーマである。ここでは、このあとの展開に不可欠な内容を押さえるのみにとどめる。

なお、１９５０年までの日本の俳優の演技に関しては、笹山啓輔著『演技術の日本近代』が非常に参考になる。数少ない日本における俳優の演技研究の良著である。

(1)演劇のおおらかな輸入　明治～大正

明治時代に、日本は初めて今の私たちが考えるような「演劇」というものに出会った。外国の文化がどんどん入っていく中で、海外の舞台芸術も同じように入ってきたのである。それまでは歌舞伎が唯一、庶民の娯楽として楽しむことのできる演劇であった。当時の歌舞伎は、もちろん現代の私たちが考えるような「芸術性の高い伝統芸能」ではなく、国から保護されるようなものでもない。あくまで、同時代の人にとってのリアルタイムの演劇であり、興行として成功させるために人々が興味を持ち、目を引くようなネタを取り入れた娯楽として上演していた。今でいうワイドショーやバラエティー番組のような要素が多分に含まれていたのである。

そのような演劇しか知らなかった当時の日本人は、海外の「演劇」を見てどのように取り入れていったのか。

明治時代以降、西洋文化の輸入の仕方を見ていくときに、日本人は西洋のいいものを外側だけ真似して、自分たちなりに強引にひねって取り入れるとよく指摘されている。根っこから植物を育てようとするのではなく、きれいに咲いた花や枝の部分だけを切り取って育てようとするのと同じことで、よく言えば大らかで新しいもの好き、悪く言えば小手先の真似事である。「器用な日本人らしい」点でもあるのだが、しばしば批判の対象となってしまうこともある。

演劇の場合も同じだった。新しい演劇に出会った日本人は、ご多分にもれず積極的に、そして非常におおらかに輸入していこうとするのである。今のように、きちんと事前に調査をして徹底して取り入れることはしなかった。ただ、日本の大多数の人が外国についての情報がなかったのだから当たり前といえば当たり前である。

まず問題になったのは、外国の戯曲をどのように日本語に訳して上演するか、そのことが第一とされた。歌舞伎が当世のネタを、柔軟に素早く取り入れてしまうのと同じ要領ではないかと想像するのだが、「見知ったばかりの西洋の演劇をやってみよう」ということは、つまり自分たちの既存のやり方をベースに、ちょっとばかり入った情報をエッセンスにしてやってみようという方法だったに違いない。だから俳優の演技は実際、演劇を行なうことそのものと比較すると後回しにされた。演技への意識は、同時代演劇である歌舞伎の上演方法のまま、女優はおらず男性が女性の役を演じていた。

日本人が初めて海外の演劇に触れ、なんとかそれなりに体裁の整った近代演劇作品を作るようになったのは、新派の祖である川上音二郎の一座が第一号であろう。

川上音二郎（1864―1911）らが行なっていたものは、当初は書生芝居あるいは壮士芝居と呼ばれ、自由民権運動に参加した書生たちが主義主張を述べていくようなものであった。川上音二郎は講談を学んだ経歴もあり、ジャーナリスティック、もしくはワイドショー的な要素も強かった。そのため、出し物は演劇的な性質のものではなく、世の中を風刺し面白おかしく伝える類のものであった。当然ながら書生芝居なり壮士芝居とは、俳優の演技が演技論にしたがったものではなかったのは間違いない。

その後、１８９９年（明治32年）に彼らは国内で資金繰りが難しくなり、半ば逃亡を図るかのように一念発起してアメリカに向かい、本場の演劇や俳優の演技を目の当たりにすることになった。日本初の女優は川上音二郎の妻、貞奴こと川上貞（1871―1946）とされているが、その実アメリカに上陸後、旅回りをする中で、女性の役を演じるのは女形ではなく女優でなくてはだめだと言われて、急ごしらえに誕生したものである。苦しい旅の最中に2人の女形の役者が死亡したことも、女優貞奴が必要になった重要な契機であった。

貞は元々芸者であり、舞台に立つための素地はあった。女優としての教育など一切受けていないのだが、おそらくアメリカの舞台を数々見たことと、資金が底をつく中で、文字通り必死に演じたことが功を奏して、女優として受け入れられた。それどころか貞の人気はアメリカだけでなくヨーロッパにも広がり、一座は海外での興行を大成功に収めたのである。

帰国後は、書生芝居や後に扱った戦争芝居から一転し、彼らが見てきた欧米の演劇作品を日本風に翻案した演劇を上演する。「オセロ」も「ハムレット」などの作品も、戯曲通りでなく、大胆にも一座用に内容を翻案して上演した。彼らは欧米の演劇を見て自分たちに置き換えて活用するという方法を採ったため、あくまで自分たちの一座の演技をすることが重要だった。演技がどのように作られるのか、という分解して考えるという目は持たず、しかも海外の俳優たちの演技を自分たちも取り入れようとも思わなかった。逆に貞らのエキゾチックな魅力がある演技だからこそ海外で評判になったのだ。敢えて演技を学ぼうという気は起きなかったのかもしれない。

川上音二郎らの演劇は、歌舞伎という古い演劇、つまり旧劇に対する新しい演劇の中で「新派」

という位置づけをされていくのだが、その後に現われる坪内逍遥や島村抱月率いる文芸協会や小山内薫や市川左團次の自由劇場は「新劇」と呼ばれる演劇の第一段階に相当する。

島村抱月（1871―1918）は、早稲田大学の講師を務めていたが、留学生として海外へ出た。帰国後に、坪内逍遥（1859―1935）と１９０６年（明治39年）に文芸協会を旗揚げし、主に坪内が翻訳した海外の演劇作品や、坪内作の戯曲を上演した。

結成から3年後の１９０９年（明治42年）には、文芸協会は付属演劇研究所を作って俳優教育をはじめ、女優を生み出したことでも知られる。海外の演劇作品を上演し、俳優教育機関も作り上げたことで、文芸協会は日本の近代演劇の幕開けとして形の整った取り組みをしたが、内容は今の俳優の演技とはかけ離れている。なぜなら坪内逍遥のシェイクスピアの翻訳は、彼が影響を受け、将来創ろうとしていた国劇のスタイルをめざして歌舞伎に似た台詞回しで書かれていたからである。翻訳だけでなく、坪内作の戯曲も同様である。そのような台詞では、今、考えるような俳優の演技ができないことは明らかである。また島村抱月も、ヨーロッパを回り演劇を見たといっても、あくまで見たに過ぎず、俳優の演技がどのようなものでどう作られているかまでは勉強したわけではない。

つまり文芸協会は、演劇の教育の場を作ったことを含め、近代演劇の形を輸入するという点では成功したといえるが、歌舞伎風の台詞に、見た記憶を基にした演技をつける彼らの演劇では、川上音二郎らが海外で見た演技を自分たち流にアレンジしたのと比較してもあまり変わるものではない。付属演劇研究所においても、俳優を育てるための方法論から作られていたわけでもなく、海外の俳優教育法を取り入れたわけでもなかった。具体的な教育内容については次章で扱うのだが、かなり手探りの取り組みであったのである。

一方、その後に作られた小山内薫（1881—1928）と二代目市川左團次（1880—1940）の自由劇場は、歌舞伎俳優である市川左團次がヨーロッパから帰国後に取り組んだ、新しい演劇への実験であったといわれる。自由劇場での演劇は、市川左團次が洋行で学んだ劇場や演劇のスタイルを自由劇場でやってみるという性質があった。

市川左團次は1907年（明治40年）、イギリスにおける2カ月余りの滞在で、ロンドン俳優学校に聴講生として籍を置いたようだ。演劇評論家、大笹吉雄の「日本現代演劇史」によると、左團次はそこで発声法、雄弁術、デルサルト式表情術、舞踊、フェンシング、化粧術といったレッスンを受けたとされているが、それは演技の教育を受けたというより「西洋の生活様式を身につけんがためだった」とも指摘されている。

左團次が留学した時代、イギリスの演劇学校では、発声と雄弁術に見られるように、俳優が台詞を明確に喋ることは最も重要とされていた。２カ月の聴講の結果で左團次が学ぶことができた内容については想像することしかできないが、しかし彼が学んだことは、身体的な訓練の部分だけである。このことからも、歌舞伎出身の左團次が、歌舞伎役者らしく身体の訓練による型の学習を俳優の演技の習得に当てはめたことを読み取ることができる。

自由劇場では、左團次が俳優の育成や指導を行なったのだが、この時点での自由劇場の俳優は主として歌舞伎俳優たちであった。女性の役は実際の女優と女形が混合で演じていた。彼らはリアリズム演劇としてイプセンを上演したが、彼らの上演スタイルでは、写実という意味でのリアリズムからは程遠いものがあった。自由劇場での演劇は、西洋の演劇を元として、歌舞伎という従来からの演劇を新しくどのように進めていくかという実験であり、やはり近代演劇の俳優の演技としては成立していなかった。

ついに俳優の技術としてすでに成立している演技論を取り入れる空気が見られるのが、１９１２年から１９１３年の小山内薫の洋行からの帰国後であるといえる。小山内薫は、自由劇場の衰退後にヨーロッパへと出かけるが、そこでモスクワ芸術座を見て本場の俳優のリアリズムの演技を知った。スタニスラフスキーにも会ったという記録も残っている。そして小山内薫は、リアリズム演技を持ち帰り、土方与志と旗揚げした築地小劇場での演出に生かしたといわれる。

ただし、小山内のリアリズムの演技の持ち帰り方は、「システム」という俳優トレーニング法を持ち帰るのではなく、「システム」に基づいて訓練された俳優の舞台上の演技を克明に記録するという手段を取っている。小山内のメモは非常に詳細だったというが、それはモスクワ芸術座を模倣したものだったといえる。その証拠に、後にモスクワ芸術座が日本を訪れた際、その演技や演出は小山内が演出したものとほとんど同じだったという記録があるという。大笹吉雄の指摘によれば、小山内が洋行において西洋との生活様式との違いを痛感し、翻訳劇を上演するという演劇活動は「出発点に戻された」という状態になり、「西洋の『コピー』に徹する以外に有り得なかった」ということである。

明治から大正までの演劇においては、非常におおらかな形で、自分たちなりの方法で西洋の演劇を受け入れ、想像しながらの演技を行なっている。最新の演技論に出会う日本人が出てきても、それを外側だけ写し取ることはできたが、俳優の技術について本質的な部分から学んだり、取り入れたりしようという動きは起こってはいない。その善し悪しは別として、俳優の演技を、演技論、ないしは俳優トレーニングとして体系的な手法から学び取り、そして俳優を育てるという動きが起こるのは、戦後になってからある。千田是也がスタニスラフスキーの「システム」を輸入し、彼の興した劇団、俳優座において取り入れ、さらに俳優座の俳優教育において「システム」を実践したのである。

(2)本格的な「システム」の導入とその反発

千田是也（1904―1994）は、築地小劇場の第1期研究生であった人物であるが、スタニスラフスキーの紹介者としても知られており、スタニスラフスキーの著作もドイツ語版から翻訳している。彼自身も『近代俳優術』という演技論を著書として出しており、はじめて俳優の技術と、技術習得のための体系的なトレーニングというものが紹介されるに至る。また千田は、１９４４年（昭和19年）に作った、俳優座の中心メンバーである。劇団設立の5年後の１９４９年（昭和24年）に作った俳優座演劇研究所付属俳優養成所においては、千田是也によって俳優を育成することになる。

しかし劇団でもある俳優座は、芝居作りの団体として非常に多忙を極めていたため、俳優教育を担当できる千田是也から養成所で教わる時間は少なくなってしまった。２０１０年10月開催の早稲田大学グローバルＣＯＥプログラム公開研究会「舞台芸術と人材育成　桐朋学園芸術短期大学の歴史と現在ｖｏｌ．２」にて、俳優座養成所出身者が「千田さんに教えてもらえると思って入ったが、全然こなかった」と発言している。

スタニスラフスキーの「システム」を、劇団内で誰よりもわかっているはずの千田がトレーニングに携われないとなると、代理の担当者が俳優教育を担うわけだが、その担当者が俳優教育についての教育を十分受けていたとは考えにくい。そのため、俳優座の養成所で、十分にスタニスラフスキーの「システム」あるいは千田自身の「俳優術」に則って教育が行なわれていたかは定かではない。劇団の上演部門と俳優養成所との距離が近いことによって良い面もあれば、この点のように十分なトレーニングが行き渡らなかったという弱点もあったこともわかる。

俳優座以外にも、新劇の劇団はスタニスラフスキーのリアリズム演技を手本として演技を作っていった。しかしここでも「システム」が実際に機能できるほど理解できた人がいたのかが疑問となる。

新劇の演技には、独特の癖があるといわれる。劇作家、演出家である平田オリザは著作『演劇のことば』の中で、この新劇独特の台詞回しは、海外の作品から翻訳した言葉を使っていたためであり、リアリズムを標榜しながらも、日本語に拠って立っておらず、モスクワやベルリンの空想の生活に根拠を置いていたからだと指摘している。日本人の使う生活上の言葉と、演劇用の言葉の乖離が招いたことだというのである。言葉、台詞の時点ですでに、演劇世界の人間が使うものとして、現実のリアリティから離れてしまっていたのが新劇の演技であったといえる。名演技と呼ばれる、滝沢修や杉村春子の演技は、その新劇調をリアルに見せることのできる個人的な芸であったというのである。

演劇作品における言葉の翻訳の問題は、新しい演劇として海外の作品を取り入れてきた坪内逍遥の時代からの懸案である。俳優が発する台詞という言葉は、観客にダイレクトに響く、非常に大きな要素である。そのため、言葉の翻訳をどのように行なうかということ、そして作品の精神を、リアリズム演劇であるならば、今ある言葉でどのように伝えるかという本質的な問いは、作品の作り込みにおいて十分昇華しなければならなかったのだ。文学として書かれた戯曲の言葉通りに演技することが、果たして演劇化したときにふさわしいかどうかということなのである。しかしその検討が進んでいなかった。その点からも、海外からの作品の輸入が接木の方法をとっていた弊害が見え隠れする。

(3)日本人による演技論の創作——身体性への着目

スタニスラフスキーのリアリズム演技を、きちんと取り入れることができなかった新劇の劇団に対して、１９６０年代以降に登場した新しい演劇の潮流によって生まれたのが、アングラ演劇である。アングラと呼ばれる小劇場で活動する劇団は、リアリズムをめざしつつも実はリアルから遠いものだった新劇に対抗して、新しい演劇の形をめざそうとして登場した。そこでは、俳優は必ずしも「システム」にも基づいたリアリズムの演技を行なわなくても構わない、むしろ演劇を知らない素人でも構わないという劇団もあった。

演技論の面でもアングラ演劇が登場してはじめて、海外の演技の輸入ではない、日本人による演技論が生まれるという革新が起こる。特筆すべきは、日本人による演技論が、欧米の演技論の発展の仕方と同様に、心理的リアリズムの演技に対する身体性重視の演技論、それが前衛演劇となって誕生したことである。

代表的なものが、60年代に早稲田小劇場という劇団を立ち上げた鈴木忠志が富山県の利賀に拠点を移した後に作り上げた「スズキメソッド」という俳優トレーニングである。日本人が作り上げた演劇の俳優トレーニングは、これがはじめてのものである。

スズキメソッドとは、歌舞伎や能といった日本の伝統芸能が行なってきた下半身と足の働きに着目して、下半身と足を鍛えて感覚を鋭くするという、身体性に着目した俳優トレーニングである。鈴木忠志は自身の著書の中で、スズキメソッドを以下のように説明している。

「われわれの日常生活のなかで、退化させてしまった身体感覚を、もう一度演技という遊びのために意識化することが目的です。それだけではなく、発声の訓練もあります。さまざまな訓練がありますが、なかには世界各地に存在する優れた舞台芸術の下半身の動きを観察し、その基本的な身体感覚をまず習得しようというものもあります。俳優というものは、舞台上でどんな動きを要求されても、重心の移動が速やかで安定していなければならず、かつ一瞬一瞬が優れた彫刻が動くように身体全体の構成を意識化しなければならないと思うからです。そのためには、世界各地の舞台芸術が深化発展させた基本になる下半身の身体感覚を習得しておくにこしたことはないということです。」

――『演劇とは何か』鈴木忠志

下半身の動きに注目するというスズキメソッドは、日本人が農耕民族として生きてきたがゆえに、伝統芸能においても身体の使い方として下半身を重視してきたという考えに基づいているといわれる。欧米で生まれた演技論が、身体的なアプローチで作られたものであっても下半身や足にはさほど注意を払ってこなかったのに対して、スズキメソッドは日本の伝統芸能や古くからの日本人の生活スタイルから生まれた全く新しい演技論であり、俳優トレーニングなのである。

それではスズキメソッドは、鈴木忠志の劇団内だけ、もしくは日本人にのみ有効な俳優トレーニングかという疑問も湧く。それに対して鈴木は、日本人しか効果のないものでは決してなく、「俳優のため」に作り出した訓練であると述べている。事実「スズキメソッド」は海外の演劇学校でも積極的に取り入れられ、学ばれている。海外で日本人の作り出した俳優トレーニングとしては、唯一、かつ最も知られたものであろう。

アングラ演劇の劇団が身体性に着目するのは、「スズキメソッド」だけではない。寺山修司の率いた劇団天井桟敷は、俳優の身体そのものを彼の演劇における重要な要素だと捉えている。この点はグロトフスキの俳優の身体への着目と似通うことがあり、この2人には交流があったことも分かっている。

1960年代の、演劇が社会に対する運動であった時代を経た1970年代以降は、内容もコミカルな部分が多くなり、笑いをとるための激しい動きも出るようになる。1980年代に入ると小劇場での俳優の演技は、叫ぶ、走る、時に歌って踊るというように非常に身体の動きに富んだものになった。これも俳優の身体運動が重視された、アングラ演劇以降の流れの1つであると考えられる。

一方で、岩松了からはじまり平田オリザまで系譜をたどることができる、「静かな演劇」と呼ばれるジャンルも登場し、飛んだり跳ねたり走ったり、といった俳優の演技とは真逆で、日本人の日常生活に基づいた日本語のやり取りで展開するリアルな演技が行なわれるようになっている。

１９９０年代以降に登場する、青年団を率いる平田オリザの演劇は、日常の言葉や会話のやり取りを忠実に再現している。実際の生活では、人との会話のやり取りは同時多発的に行なわれたり、声の大きさも決して大きく張ったりはしていない。日本語という言語に基づいて、私たち日本人にとっての本当のリアリティを追求している。

平田オリザ自身、彼の演劇を現代口語演劇と呼んでいる。演劇は、戯曲に書かれた言葉を再現する芸術であり、言葉からは切り離すことは決してできない。西洋の演劇も、劇作家が書いた言葉をいかに俳優が喋るのかということを重点の１つに置いて発展した。日本でも同様に言葉には非常に気をつけていたのだが、最初が翻訳劇だったために、新劇においてはリアリズムの演技をめざしながらも、日本人にとって不自然な言葉を話すことでリアリティから遠ざかっていたという経緯がある。それに対して、平田オリザの現代口語演劇は日本語によるリアリズムの追求であり、スタニスラフスキー以降のリアリズム演劇とはまた一線を画しながらも新しいリアリズムを提示したものだといえるだろう。

2000年に入り、国内外から注目を集めた演出家がいる。チェルフィッチュの作、演出を務める岡田利規が作る俳優の演技は、非常にダラダラとした繰り返しの終わりのない語り口調である。現在の若者が話す日常会話では、1つの所からどんどん次へと話がつながり、元に戻ることもあるが戻らずに進み続けることがある。そして話していくうちに、話者が移り変わっていくこともある。それをこの演出家独特の「ダラダラ」とした台詞として映し出している。そして「ダラダラ」とした台詞は、俳優が奇妙な動きをしながら話されているのだが、これも若者が日常的に行なっている癖、身体の動きを誇張して繰り返しているものである。岡田利規の作品では、今、この時代の日常話されている言葉、話し方、話すときの動作を再現し極端なまでに誇張した。平田オリザの演劇が現代口語演劇と呼ばれるのに対して、岡田利規のこうした演劇は超現代口語演劇と呼ばれる。日本人による新たなリアリズムの追求と、不可思議に誇張された身体性の追求を併せ持ったものだといえるだろう。

このように近年ようやく、海外のリアリズムではなく、日本人にとってのリアリズムを追求し実現できるようになってきた。日本において日本語と誤差のない、日本人が考える日本人の演技論、俳優トレーニングが考えだされるのは、つい最近のことなのである。

■スタンダードなき俳優の演技

日本における、演劇の演技の受容から、現在の日本独自の演技論の発展までを見てきた。当初は俳優の演技は重要度が高くなかったのだが、少しずつ欧米のリアリズムの演技に触れていくことで、スタニスラフスキーの「システム」を手本に取り入れようとしていった。

ところが千田是也がスタニスラフスキーの著書を翻訳して教育の場に取り入れるまで、「システム」を「システム」として体系的に学び取り入れることはできていなかった。明治以降、演劇は欧米の作品を日本に「輸入する」ということが第一と考えられたが、非常に表面的な印象の部分でしか輸入してこなかった。俳優の演技は、作品すら左右する重要な要素であるにもかかわらず、その本質がどこにありどのように作り上げるのかを考えず、俳優個人の力量に任せるところが大きかったのである。

戦後になって、リアリズムを取り入れた、日本の演劇をリードしてきた新劇という一派に対して、その反発運動であったアングラ演劇の劇団が、俳優の役割を重視し、俳優の身体性を用いた演技論を考え出していった。そして現在は、俳優の身体性への着目と共に、日本語に基づいた演技を考え出す時代になっている。

しかしこの「リアリズム対それ以外の演技」という構図は、日本では欧米ほど明確な関係ではない。確かにリアリズムの演技は、「システム」を採用するかしないかに関わらず、テレビや映画の世界では有効な手段であり、演劇においてもわざとらしくないリアルな演技は否定されていない。とはいえ、以前から日本人がお手本にしようとしてきた「システム」が、日本の演技論や俳優トレーニングの主流であるとは決していえないのである。

それは「システム」を輸入できたのがごく最近だということ、内容的にも正確に「システム」を輸入できたか自体も定かでないこと、輸入した新劇の勢いが弱まっていったこと、そしてテレビや映画の普及で自然な演技に触れる機会が増え、なんとなく自然な演技をすることが当たり前になってしまっていることに原因があるように感じられる。「システム」が日本の演技、俳優トレーニングの主流だと言うことができるほどの勢いもなければ、それに対抗する小劇場から生まれた演技論から、明確にシステム化した俳優トレーニング法としては「スズキメソッド」くらいしかない。劇団内では劇団独自の演技論に基づいた演技を追求した訓練法はあっても、一般的に通用する俳優トレーニング法への発展があまり行なわれない。

その背景には、日本の演劇は劇団という集団の単位で行なわれることが非常に多いということと、演出家と劇作家が同一人物である場合が多いという事情がある。劇団という枠組みの中で芸術性を表現することのできる演技を実現させれば済むため、体系的にまとめて一般化する必要はない。

また、劇団の上演作品を書き、それを演出するのが同一人物なのだから、そのつど稽古の中で俳優に伝えることで、俳優の演技を作品の表現に合ったものに調整することができる。よって日本で生まれた演技論が、演技論を育んだ劇団を離れて別の場で使用することは、劇作家兼演出家が外部で演出をしない限り起きにくい。当然、教育の場に劇作家兼演出家が教えに出ない限り、その演技論を元に俳優を訓練することも起きない。演技論が1つの世界の中でしか使われず、俳優トレーニング法へと一般化されない。それが日本の演技の現状だということができる。

このことからもわかるように、日本には俳優の演技や俳優トレーニングのスタンダードはない。俳優の演技に肉薄するテレビや映画の影響で、リアリズムの演技が当たり前になっているだけである。ただ、「システム」や「スズキメソッド」を含め多様な演技の種類は存在していて、日本の演技の幅は間違いなく諸外国に比べて広いといえるのではないだろうか。

第2章

日本の俳優教育を分解する
——混沌とした状況に何があるか

■俳優教育機関の過去、現在

第1章において、海外の演技論や俳優トレーニング、そして日本の演劇が欧米から取り入れた演技をどのように受容し発展させていったかを概観していった。この章では、それぞれの時代の考える俳優の演技に対して、日本にはどのような俳優教育機関が作られ、俳優教育が行なわれてきたのか、代表的なものを取り上げて、過去から順を追ってひもといて見ていくことにしたい。そして現在の非常に混沌とした俳優教育の状況を整理したい。

(1)明治から戦前の俳優教育機関

日本初の俳優教育機関は1908年（明治41年）に誕生する。「帝国女優養成所」である。

この帝国女優養成所は、第1章で登場した、自由民権運動から生まれた新派の代表者である川上音二郎と妻の貞奴こと川上貞が設立したものである。歌舞伎の伝統から女優が存在しなかった日本においては、女優養成の必要はあったものの、何の対処もできていなかった。それに対し、川上音二郎一座はヨーロッパでの公演で成功しており、貞は女優として世界で認められていた。彼らもまた、経験から女優養成の必要性を特に強く感じていた。そこで時代の要請に応じて一座の帰国後、女優養成所設立するに至った。

この設立には、伊藤博文、渋沢栄一、そして川上音二郎の死後に貞の伴侶となる福沢桃介の後援があった。１９０９年（明治42年）に建設が予定されていた帝国劇場の付属となり、「帝国劇場附属技芸学校」と改称し引き継がれる。その後、１９２３年（大正12年）の関東大震災によって閉鎖になってしまう。

卒業生は、７期生までの58名が女優として輩出され、第１期生には日本の最初期の女優として知られる森律子がいる。帝国女優養成所の修養年数は２年で、月謝は無料だった。募集条件は大変厳しく、16歳から25歳までの年齢で、少なくとも高等小学校を卒業しており、東京に自宅を持つ保証人を２人立てる必要があったのだという。

授業科目には、歴史、台本執筆、伝統劇と現代劇の演技、日本舞踊と西洋舞踊、加えて笛や鼓、三味線や琴などの楽器演奏があったとされており、日本舞踊や笛や鼓などの技術と共に、伝統劇と現代劇の演技が教えられていたのだそうだ。伝統劇、現代劇の演技といっても、実際にどのようなことを教えたのかはわからないが、ヨーロッパやアメリカを旅したとはいえ、海外の俳優トレーニングを持ち帰り実践したわけではなさそうなのは、第１章で述べたとおりである。あくまで、川上貞らが海外の公演で経験したことや、彼らが見知った俳優の技術を伝えていたにとどまるだろう。

そのほか日本舞踊、笛、鼓の授業などは、貞がかつて芸者として叩き込まれた技術をそのままカリキュラムに加えたような形をとっている。海外興行中、エキゾチズムで人気を博して日本初の女優を生み出した彼らにとっては、女優には日本の芸能を経験しておくことの重要性を感じていたのかもしれない。また海外公演帰国後、「正劇」と称して西洋の翻案ものを上演するときにも、歌舞伎のような場面を上演していて、日本の芸能の重要性を見出していた様子も見て取れる。

レズリー・ダウナーの著書『マダム貞奴　世界に舞った芸者』によると、開校式の翌日の新聞では、この養成所を「阿婆摺（あばずれ）収容所」と評したようである。日本最初の女優、貞奴が海外で認められた実績を持って開設した養成所であるのに、女性が舞台上で演じることが、この時点ではまだ社会に受け入れられていないことがわかる。先述の森律子にいたっては、女優になったことで、弟が自殺したという話まである。西洋からの文化を貪欲に吸収しようとする明治の人びとにとっても、新しい演劇はまだまだ受け止めきれないものであり、まして女優とは異様でかつ異質なものとして捉えられていたのであろう。

帝国女優養成所が設立されたのと同じ１９０８年（明治41年）には、新派の俳優藤沢浅次郎によって「東京俳優養成所」が設立されている。「帝国女優養成所」がその名の通り、女優を養成する場だったのに対して、「東京俳優養成所」は男性の俳優を育てる３年間の修養期間を持つ養成所であった。この養成所では、小山内薫が講師として西洋の近代劇をテキストに脚本概説を教えている。

設立者の藤沢浅次郎は、平民新聞社でのジャーナリストとしての活動を経て、川上音二郎と出会い新派の俳優となった。東京俳優養成所は、すべて藤沢の自費によって設立されているが、その３年後１９１１年(明治44年)に経営難のため閉鎖してしまった。帝国女優養成所のような、華々しい金銭援助がなかったのだからこれは仕方のない話であろう。

第1章の中でも触れた「文芸協会附属演劇研修所」は、「帝国女優養成所」と「東京俳優養成所」の設立の翌年の１９０９年（明治42年）には、坪内逍遥や島田抱月が率いる文芸協会の附属俳優養成所として誕生している。卒業生は、第３期生までの81人で、研修期間は2年間であった。

この研修所では、当時の歌舞伎俳優＝玄人という図式によって「素人を玄人にする」という考えの下、俳優の教育が行なわれていた。しかし、教えられていたのは坪内逍遥のシェイクスピア解釈であったという。「文芸協会附属演劇研修所」は、母体である文芸協会が分裂・解散したことによって１９１３年（大正2年）に閉鎖されることになる。分裂の原因は、この演劇研修所で教育を受け、スター女優になった松井須磨子と島村抱月とのスキャンダルであったのだが、このエピソードはあまりにも有名であろう。

また文芸協会演劇研修所が設立されたのと同じ、1909年（明治42年）には、小山内薫と二代目市川左團次は自由劇場を作っている。その2人の俳優教育事業として「現代劇女優養成所」がある。これは、自由劇場が1919年（大正8年）に解散した後の1921年（大正10年）、松竹の資金援助の下に開設された養成機関である。主宰は市川左團次、審査員の中に小山内薫がいた。200人を超える応募者の中から山本安英など6人を採用するにいたったが、翌1922年（大正11年）に解散している。

このように、明治時代の後半から大正時代のはじめに次々と作られた俳優教育機関は、おもしろいように発足から長く続くことなくまた次々と解散していった。

その後には、劇場に附属する新しい俳優教育機関が登場する。1924年（大正13年）に設立された築地小劇場は、関東大震災によって土地を手に入れた小山内薫と土方与志が設立した劇団であると同時に劇場である。そして、近代演劇確立のための研究機関を併せ持ったものでもあった。ここで研究されてきたのは、俳優のための演技だけでなく、照明や舞台装置、演出法、劇団の経営や劇場建築など、非常に幅広い演劇研究が各研究会の中で行なわれていた。小山内と土方は、いずれも海外へ出た経験からか、コンセルヴァトワールのようなものをめざしていたといわれている。俳優の教育においては、ここで小山内が見て詳細にわたってメモをとった、スタニスラフスキーのリアリズムの演技が実践されることになる。

劇場付属であることが功を奏する部分があった。演劇作品の創造空間である劇場が近くにあることで、実地訓練の役割を果たすことができたのである。しかし、築地小劇場は劇団としての演劇上演の多忙さによって、付属の研究機関のほうに十分な時間や労力をとることができなくなっていた。開館2年で45作品の翻訳劇上演というハイスピードでの制作に加えて、体系立てた研究は行なうことはできない。第1章でも触れた、俳優座の俳優養成所や、現在の劇団附属養成所にも見られることだが、小山内薫や土方与志による講義や教授を期待する生徒たちは、その２人が制作に忙しくて教えることができないということに耐えかねる部分もあったようである。その後小山内が急逝し、築地小劇場は１９２９年（昭和４年）にやはり内部分裂のため、解散してしまうことになった。

以上が、明治時代後半から大正時代までに設立された、主な俳優教育機関である。特に「帝国女優養成所」、「東京俳優養成所」、「文芸協会付属演劇研修所」はほぼ同時期、新派、新劇の劇団が隆盛しようという、はじめの時期に作られている。これらは海外に出た当時のエリートらが興した俳優教育機関である。諸外国で行なわれているような演劇を実現するには、演劇を行なうために訓練された俳優が必要だと強く感じていたことの表われであろう。教育内容は手探りであったにせよ、確かに今に名を残す俳優たちを育て上げるという実績を残した。

惜しむらくは、資金難や、集団の内部分裂に巻き込まれて、ごく短い期間で解散してしまっていることである。俳優教育を、あくまで演劇に携わる個人たちがはじめた事業としてしまったことの弊害だといえよう。せっかく仕組みを整えて教育をはじめたとしても、時間と根気を必要とするひとづくりを、あっという間にやめてしまっては意味がない。

ただ、資金難が原因での解散だけでなく、人間関係が原因となって演劇集団の存続すら危うくなるということは、非常におもしろい点である。この時代も、そして現代においても、劇団や俳優教育機関すら、人間関係でこじれて途中でやめていく例は珍しくない。日本人が俳優教育をはじめたごく初期から、人間関係が1つの原因となって俳優教育が続かなかったということは、興味深く思えてならない。

なお、戦前までの俳優教育機関として特筆すべきなのが、宝塚音楽学校の存在である。これまでの俳優教育専門の機関、演劇を行なう集団に付随する形の教育機関、劇場附属の俳優教育とは異なり、文部省（当時）認定の私立学校の中で、宝塚歌劇団の将来の劇団員を養成するものである。つまり、学校教育の枠組みの中で、宝塚歌劇団の舞台に立つ俳優を育てるという点で、これまでの俳優教育機関とは一線を画している。

宝塚音楽学校は、1918年（大正7年）に文部省の認可を得て設立されている。創立者はもちろん、宝塚歌劇団の創始者小林一三である。学校卒業生以外は演劇創作集団である宝塚歌劇団には入団できない仕組みをとっており、それは創立以来現在も続いている。現在は、学校法人宝塚音楽学校で、学校種別は各種学校である。

(2)戦後から現在の俳優教育機関――様々な俳優教育機関の形

戦後、演劇が復活していく中で、次世代の演劇人を育成するための俳優教育機関も再び誕生していった。現在に至るまで、その数は増え続けているほか、それまでよりも俳優教育の担い手が多様化していくのが特徴である。

現在の俳優教育機関は、大きく分けて5種類に分けることができる。具体的には、①劇団付属の養成所、②劇団内での劇団員教育、③学校という枠組みによる教育、④公共劇場付属研修所（新国立劇場演劇研修所、座・高円寺／劇場創造アカデミーなど）、⑤教育機関外での教育となる。

①劇団付属の俳優養成所

戦後になって新劇は戦後息を吹き返し、再び劇団に付属する形での俳優教育機関が生まれた。

文学座、俳優座、青年座、無名塾などの新劇の劇団に付属した養成所がそれに当たる。そして俳優座をはじめ、これら新劇の劇団と俳優養成所は改めてリアリズムの演技を取り入れていくのであるが、この段階に至って初めてスタニスラフスキーの「システム」が体系的に教えられるようになったということは、第1章で指摘した通りである。

劇団に付属した俳優教育機関の最大のメリットは、戦前の築地小劇場のように、演劇制作の現場と近い距離にあるということである。研修生はレッスンの他に実際の公演の補助をする形で、演劇の現場を学ぶことができる。またもう1つのメリットとしては、研修生の仲間同士で切磋琢磨できる環境である。仲間同士で助け合い、比較しながら訓練を受けることは、それぞれの技能を高めていくことに役立つ。そして劇団側はレッスン料を経営資金とし、研修生のマンパワーも利用できる。一部の選ばれた研修生は劇団に残り、得た技術をそのまま劇団へ、他の研修生は劇団以外の場で使うために演劇界に巣立っていくというシナリオである。

これらの俳優教育機関の目的は、将来の劇団員を育成することであるが、入団できる劇団員はわずかで、この研修所の授業料や研修生のマンパワーが、劇団本体を支えるものになっているという事実もある。元々劇団員を育てる目的だったが、上の劇団員が辞めないことで枠が空かず入団できない研修生が多いのである。中には、正劇団員になれるのは数年に1人の確率だという劇団もあるという。

劇団付属の俳優教育機関の近年の動きとしては、劇団昴の付属の演劇学校が独立して新たにＪＯＫＯ演劇学校が作られたということが挙げられる。しかし、劇団昴への入団はＪＯＫＯ演劇学校の卒業生が優先で推薦されて入団することから、演劇学校として再スタートしたものの劇団付属という性格にはあまり変化がない。

劇団付属の養成所は、上記のように新劇の劇団が多いがそれだけではない。演劇集団キャラメルボックスやスーパーエキセントリックシアターなどが俳優教室や俳優養成所を設置している。あるいは加藤健一事務所の俳優教室のように、劇団員は加藤健一のみだが、教育の場だけ提供する場合もある。しかし新劇系の劇団の俳優養成所と状況は同じで、劇団員になることができる人数は極めて少ない。

なお、俳優教育ではじめて体系的に「システム」を学ぶことのできる俳優養成所を作り上げた俳優座（１９４４年設立）の俳優教育機関は、「舞台芸術アカデミー」を経て、１９４６年に「俳優座演劇研究所付属俳優養成所」となって再出発した。この養成所では、公演活動とは切り離して自前の劇場に併設する形で俳優教育を行なった。しかし１９６７年に、経済的理由・劇団内部の問題から閉鎖。この養成所は、桐朋学園芸術短期大学演劇専攻に引き継がれる。ところが、桐朋学園芸術短期大学に俳優教育が移行したのち、俳優座で再び俳優教育がはじまっており、現在の俳優座にも劇団俳優座演劇研究所が存在する。

②劇団内での劇団員教育

劇団に付属する教育機関を設けているわけではなくても、劇団内での俳優教育はあり得る。劇団員として入団した者、もしくは研修生としてオーディションに合格した者が役に付くまでの間、基礎訓練を受ける形での教育である。

例えば元は新劇の劇団として始まった劇団四季は、ミュージカルを上演する劇団となってから俳優育成のためのバレエ、声楽、演技のレッスンを提供している。レッスン代は無料である。

さらに劇団の主宰である演出家兼劇作家が、自らの演技論に応じて劇団員を教育するような場所も出てくる。第1章で扱った鈴木忠志が現在主宰する劇団SCOTや平田オリザの青年団などは、俳優教育機関を持たず、入団した劇団員を教育するという形の俳優教育を行なっている。当然ながら、このような教育は、外部でワークショップなどを行なう機会以外は基本的には劇団に入らない限り受けることはできない。

日本の俳優教育としては、劇団内で劇団員を育てるというこの方法が、劇団数の数から見てもおそらく最もポピュラーな形だろうが、先に取り上げた劇団四季やＳＣＯＴや青年団のように、俳優教育を劇団独自のカリキュラムや方法論に基づいている劇団は決して多くない。自分たちのトレーニングではなく、どこかで劇団員のうちの誰かが学んだトレーニングを行なうことで十分だと考え、とにかく実際の稽古をし、舞台に立ってみようと考える劇団もある。

③学校という枠組みによる教育

劇団周辺の俳優教育機関から離れてみよう。俳優教育は、戦後、演劇創造の現場から離れた場所でも行なわれるようになる。その1つが、高校、大学や専門学校という学校教育という枠内での俳優教育である。

戦前までの俳優教育を見てきて明らかなように、俳優教育はもっぱら演劇に携わる当事者たちの個人の力で行なってきた。芸術における専門家育成を、教育として考えられてきたのは主に音楽と美術であり、演劇は教育という枠には入っていない。現在も学校、特に大学で俳優の技術が教えられているところはすべて私立大学である。

学校によってカリキュラムの作り方が違うのは当然のことながら、俳優の演技をどの程度重要視しているかの差も生まれている。実技を教える学校の中でも、それは俳優や演劇界に関わる人

表２　大学・専門学校で俳優教育を行なっている学校例

（ミュージカル俳優・タレント養成を含む）

■ 大学で俳優教育を行っている学校
桐朋学園芸術短期大学演劇専攻、日本大学芸術学部演劇学科、京都造形芸術大学芸術学部舞台芸術学科演技・演出コース、大阪芸術大学芸術学部舞台芸術学科演技演出コース、洗足学園音楽大学音楽学部音楽芸術運営学科ミュージカルコース、大阪芸術大学短期大学部メディア芸術学科舞台芸術コース、桜美林大学芸術文化学群演劇コース、玉川大学芸術学部パフォーミングアーツ学科、有明教育芸術短期大学芸術教養学科演劇コース、福岡女学院大学人文学部表現学科、九州大谷短期大学表現学科演劇放送フィールド、昭和音楽大学音楽学部音楽芸術運営学科ミュージカルコース、四国学院大学身体表現と舞台芸術マネジメント・メジャー、近畿大学文芸学部芸術学科舞台芸術専攻、北翔大学教育文化学部芸術学科、名古屋文化短期大学生活文化学科代１部声優・タレントコース、多摩美術大学演劇舞踊デザイン学科
■ 専門学校で俳優教育を行っている学校
音響芸術専門学校、東京工学院専門学校、東京ダンス＆アクターズ専門学校、日本工学院専門学校、日本工学院八王子専門学校、文化学院、大阪ダンス＆アクターズ専門学校、ヒューマンアカデミー、放送芸術学院専門学校、ENBU ゼミナール、国際映像メディア専門学校、専門学校東京アナウンス学院、神戸電子専門学校、専門学校舞台芸術学院、名古屋ビジュアルアーツ、尚美ミュージックカレッジ専門学校、ビジュアルアーツ専門学校（2016 年 4 月設置予定）、九州ビジュアルアーツ、EPS エンタテインメント、東京スクールオブミュージック&ダンス専門学校、東京ビジュアルアーツ、名古屋スクールオブミュージック専門学校、専門学校札幌ビジュアルアーツ、大阪エンタテインメントデザイン専門学校、宇都宮アート&スポーツ専門学校

材を育成するという目的だけでなく、演劇を作る中で養われるコミュニケーション能力を高めるなどの教育目的のために、演劇を利用した学習を行なう大学もある。

なお、専門学校のほうは職業俳優を育成する目的でカリキュラムも組まれている。そのカリキュラムの特色は、より俳優の市場を意識し、現場にすぐ入ることができる人材を育てる内容になっていることである。しかし多くの専門学校において演劇の俳優育成のカリキュラムと、声優やタレントなどのカリキュラムとが非常に近い位置にある。

④公共劇場付属の俳優教育機関

近年の新しい動きとして、国立や区立などの公共劇場に付属する形で俳優教育機関が作られるようになった。

２００５年４月に開設された初の国立俳優教育機関である新国立劇場演劇研修所は、これまでの日本演劇、俳優教育の歴史から見ると、非常に画期的な存在である。

これまでさかのぼってきてわかるように、演劇は演劇をやりたいと思った当事者たちが進めてきたことであり、俳優教育も次の世代を担う演劇人を養成する必要があると感じた演劇人が、自分たちの力で担ってきた。

一方、諸外国、特に欧米では俳優を国が育てるのは当然だと考えられている。この違いは、演劇が国にとって芸術と捉えられてきたかどうかから生まれた差であり、美術や音楽などの他の芸術分野と大きく異なる点である。(3)に見たように大学でも、俳優教育が行なわれているのは私立大学もしくは専門学校のみであり、国立の芸術大学に演劇科はない。

わが国の歴史をさかのぼると、舞台芸術、例えば歌舞伎は、当時の人にとっては同時代性のある興行であり、エンターテインメント、あるいはテレビのない時代でのワイドショーでしかなかった。上演される劇場は悪所とされ、役者は河原者と呼ばれたこともあり、諸外国と比べてその地位向上はなされていなかった。

また演劇はその性質上、メッセージ性を持ちそれをかなりダイレクトに観客に伝えることができる芸術である。戦前、そして戦後、時に演劇は政治的な運動として使われている。日本の演劇、人材育成に対して国をはじめとする公的な存在が関わってこなかったのは、外国と比較して演劇自身、支援が入りにくいという体質を持ってきた背景があるのかもしれない。

国や地方公共団体という「官」にとって、なんとなく扱いづらかった日本の演劇は、ごくごく最近になって新国立劇場という、国立の演劇専門劇場が誕生することによって大きな節目を迎えたといっていい。そして、新国立劇場に付属する形で演劇研修所が作られ、日本でも税金で俳優という芸術家を育てる時代が訪れたのである。

新国立劇場演劇研修所は、3年間の研修期間があり、修了後は新国立劇場に付属の劇団がないことから、芸能事務所・プロダクションに所属するか、劇団に所属するなどの自己開拓で進路を選んでいる。修了後に新国立劇場で上演される演劇作品に、出演する機会は設けられている。ただ、新国立劇場は年間のラインナップを芸術監督が決め、作品を上演するシステムで、集客のためにスター俳優や人気のある芸能人を主役に据えることが多い。修了生が作品の主要キャストに選ばれることはあまりない。

また座・高円寺は、東京都杉並区立の公共劇場であるが、2009年より劇場創造アカデミーという俳優教育機関が誕生した。2年の研修期間があり、こちらも修了後の進路は、現在のところ用意はされていないが、修了生が座・高円寺のレパートリーに出演することや、自分の劇団などで作品を作る際にはオーディションをして、その結果で座・高円寺での公演にかけるというようなことも考えている。

今後、公共劇場で人材を育てていくというプログラムは増えていく可能性があるだろうと予測する。なぜなら、バブル期に劇場を含む文化施設が次々と建てられたが、提供するソフトが伴わない一方で、運営や維持管理で地方公共団体の財政状況を圧迫してきた過去がある。このようなハコモノ批判といわれる失敗の反省から、指定管理者制度が導入された。充実したソフトを考え、提供していくにあたって、人材育成というコンテンツは非常に魅力的に映るためである。

とはいえ、これまで見てきたように俳優教育のノウハウが確立されていない現状から見ると、国や地方公共団体の劇場における俳優教育では必ずしもプロの俳優を育てる、ということではなくてもいい。演劇教育として子どもたちに演劇の楽しさを知ってもらい将来の演劇ファンを増やすということも、演劇界にとって重要な人材育成である。

そのような意味での人材育成は、すでに行なわれている。例えば、静岡舞台芸術センター（SPAC）は公共劇場を拠点として専属の俳優・スタッフで活動する初の公共の文化集団である。そこで俳優教育としてのプログラムは行なわれていないが（劇団内での劇団員教育は行なわれている）、主に中高生を中心に演劇に触れる機会を積極的に提供している。鳥取県の鳥の劇場は、廃校を利用して演劇活動をしている劇場であり、劇団もある。そのため俳優・スタッフを常に置いている。SPACと同様、俳優教育は行なっていないが、その地域の小中学生を中心に演劇に触れる機会を作っているほか、国際交流も盛んである。また、水戸芸術館では１９９６年という早い段階から、水戸市民演劇学校として誰でも参加できる演劇学校を開校させている。これもプロの俳優の育成が目的ではないが、市民が演劇を体系的に学べる場として作られており、ここで学んだ卒業生が劇団を結成して活動することもあるという。演劇の場合プロとセミプロの差は極めて曖昧なものだが、セミプロの養成としてはその機能を十分果たしている。

このような事例が増えていく中では、ハコモノと批判された公共劇場がソフトを考えていくのにあたり、今後も人材教育は注目されていくだろうと推測できる。その中でプロの俳優を育てるための俳優教育機関が増える可能性もあり得る。

⑤教育機関以外での教育

これまでは明確な演劇の俳優教育機関を挙げてきたが、それ以外にも俳優の教育を行なっている場所はある。それらのいくつかを列挙していく。

・芸能事務所、プロダクション

芸能事務所・芸能プロダクションは、所属している俳優のマネジメントを行なう場である。その一環で事務所もしくはプロダクション内でも、演技の教育が行なわれている。

戦後テレビが娯楽の形を大きく変えたのに伴い、次第にテレビ、映画、演劇という俳優の活動の場の住み分けはなくなっていった。現在は、芸能事務所・芸能プロダクションでは、俳優の領域の拡大に伴い、「俳優」と、ジャンルを問わない「(マルチ）タレント」との差も曖昧になっている。よって、タレントに芸能事務所・プロダクションで教えているものとは、決して体系的な教育ではない。特にテレビの場合はスポンサーを抱えているため、視聴率がものをいう。視聴率のためには、人気のあるタレントやアイドルを起用したほうがいい場合もある。教育をしてじっくり俳優を育てるというよりは、その場その場で人気のある人材を起用するという原理が働く。起用された現場で技術を学んでいくほうが、教育の役割は大きい可能性が高い。俳優を育てるのには、十分な環境ではないともいえる。

しかし、舞台俳優をめざす若者にとって芸能事務所やプロダクションに所属することは大きな意義がある。例えば劇団に所属しながら芸能事務所やプロダクションに所属し、テレビや映画で知名度を挙げることで、大きなプロデュース公演で舞台に出演する機会にも恵まれ、所属する劇団でもその知名度を生かせば集客を見込めるということも考えられる。特に劇団に所属しない俳優志望者でも、いつかは舞台の仕事をもらえる期待を持って芸能事務所・プロダクションに所属し、生活のためにアルバイトをしているパターンなど色々なケースが存在する。

いずれにせよ、芸能事務所や芸能プロダクションでは、俳優に教育を行なってその成果によって仕事を決め与えるということでは必ずしもなく、俳優たち自身も教育を受ける場として期待しているわけではないのだろう。

・演劇制作会社付属研修所

数は1カ所しかないが、演劇の制作会社に付属した研修所を前身としていた俳優教育機関が存在する。ハロー・ミュージカルである。これはもともと、株式会社東宝に付属していた東宝ミュージカルアカデミーとして俳優教育を行なってきた。

東宝ミュージカルアカデミーは、ミュージカル俳優を育成するための専門の研修所で、２００６年に開講した。ところが、より安い受講料で、ミュージカル俳優をめざす若者たちに教育を受ける機会を提供したいという目的で、２０１２年度から一般社団法人映画演劇文化協会が運営するハロー・ミュージカルへと移管した。受講料の一部は、ハロー・ミュージカルが負担するという。

かつての東宝ミュージカルアカデミーでは、東宝が制作するミュージカルでアンサンブルなどとして、出演の機会はあった可能性があるが、商業演劇である東宝の作品の場合、集客可能な俳優を主役に置くスターシステムを採用することが多いため、修了生を主要な役に起用する機会が多いとは考えにくい。ハロー・ミュージカルも、基本的には東宝ミュージカルアカデミーを引き継ぐ形にはなっているが、今は修了後の進路の保証はない。自分でオーディションを勝ち抜くほかない。

・ワークショップ

演出家、現役俳優によるワークショップを通じて演技を学ぶケースは多い。教える演出家や現役俳優にとっても、ワークショップは収入源となっている。ワークショップは基本的には長期にわたるものはなく、短期間のプログラムである。ワークショップを受ける人は、演劇の訓練を受けてみたい人から、専門的に訓練を受けている人が別のやり方を知りたいという動機の人まで様々であり、職業としての俳優を育成するためのものではない。

ワークショップの内容については人それぞれで、自分で考え出したもの、人から習ったものなど、玉石混淆な部分があるのが現状である。

■混沌とした状況に何があるか

以上が、日本の演劇のはじまりから現在に至るまでの俳優教育の状況である。これまでの俳優教育機関は、私立の機関が運営してきた。その理由は、公共劇場付属の俳優教育機関の箇所で指摘したように、そもそも演劇や俳優の地位が低く、公的なものからの支援が入りにくかったためである。演劇に携わる当事者の努力や、支援したいと思う個人からの支援があって俳優教育を担ってきたのである。

とはいえ、演劇の当事者である自分たちでやっていく俳優教育には、資金難という問題がつきまとう。明治、大正、戦前までの俳優教育機関がどれも長続きしなかった理由の大部分を占めていたのは経済的な理由であった。人材育成は時間もかかるし、すぐ利益になって返ってくるようなものではない。元々の演劇活動だけでも経済的に不安定な所に、教育までを行なうことは大きな負担となったに違いない。また、演劇集団として集まっている人たちの中での仲間割れ、内部分裂が俳優教育機関の継続を難しくしてしまった。築地小劇場に見るように、演劇創作に時間と労力を取られて研究や教育どころではなくなったというのも、創作集団である劇団や劇場と俳優教育機関の結びつきが招いてしまった事態である。

また、教育内容については、体系化された演技論や俳優トレーニングばかりではなかった。その点では、学校教育の枠組みの中で俳優教育を行なってきた宝塚音楽学校の存在は大きい。制度（予科・本科の創設）や入学年齢の変化があっても、教育の大枠の作りは変わらず、その劇団に適した人材を徹底して教育することに成功している。

さらに宝塚歌劇団の舞台は、ご存じの通り女性しかいない劇団である。男性の役も女性が演じるため、「女性が演じる男性」、そして「女性が演じる男性に対する女性」という演技が、型のように決まっている。つまりリアルかどうかではなく、宝塚の世界の中で男役としてまた娘役として演じられるかどうかという、かなり明確な方針がある。そのほかレビューをこなすための、ダンスや歌、和物の題材を取り上げる際に身につけておくべき日本舞踊や伝統芸能など、宝塚の舞台に必要な科目もカリキュラムに組み込んでいる。

育てるべき人材、つまり到達目標が比較的明確だからこそ、教育すべき内容が明快であることも特徴だということができるだろう。もちろん、「清く、正しく、美しく」で有名な、学校＝宝塚歌劇の理念も、ぶれることのない人材育成を行なうには必要なことである。宝塚音楽学校の場合は、卒業生の進路は宝塚歌劇団という劇団に直結している点で他の教育機関と一線を画すものがあるにせよ、その教育内容や運営といった面で成功の一例である。

一方で、俳優教育修了後に明確に進むべき進路のない俳優教育機関にとっては、どのような俳優となることをめざすのか、誰が何を教えるのかということはなかなか難しい問題である。なぜなら戦後以降、最近の俳優のあり方がどんどん多様化しているため、俳優教育の到達目標、つまり、どのような俳優を育てるべきかの判断がしきれないからである。

では、劇団付属の俳優教育機関や劇団内での俳優教育の場合はどうか。これまでは宝塚歌劇団の例のように、その劇団のめざす芸術性の実現を行なえばいいので、比較的シンプルであった。しかし劇団も、近年は従来と形が異なることが多くなっている。劇団という集団の形が従来ほど重要視されなくなり、演劇ユニットやプロデュースシステムによる公演ごとに人が集まるというような自由な演劇活動が増えている。そうなると、１人の演出家や劇作家の芸術性のみに応えて俳優が演じていくということはなく、あらゆる種類の作品や演出に触れることが中心になることもある。そうすると、これまでのように俳優教育機関を抱えられるような大きな劇団は少なくなり、劇団内での劇団員教育も個々にまかされるようになるだろう。そしてもちろん、少子化の流れにより、大学や専門学校といった学校という枠組みにおける俳優教育も縮小していくことも考えられる中では、俳優教育の担い手は非常に限られてくる。大きな流れとしては今後、俳優教育機関の不在、不明瞭化がますます進んでいくのではないだろうか。

第３章

俳優教育機関の事例研究
—インタビュー調査を中心とした
カリキュラム分析

■俳優教育、その最前線

第1章と第2章では、海外の俳優トレーニングや演技論の発展を見るとともに、それに影響を受けた日本における俳優の演技を整理したあと、俳優が演技を学ぶ俳優教育の現場はどのようなものがあるのか、過去から現在の状況を遡って見ていった。

そして、今後の俳優教育を考えていくために、まずは第3章では俳優教育機関で提供されている学びの内容を見ていくことにする。日本で行なわれている俳優教育の現場で、どのような方針でどのような俳優教育が行なわれているのか、具体的に事例を挙げてカリキュラムを分析していく。

ここでカリキュラム分析を行なう俳優教育機関は、初の国立の俳優教育機関である新国立劇場演劇研修所と、区立の劇場に付属している座・高円寺の劇場創造アカデミーである。この2カ所の俳優教育機関については、第2章で取り上げた通りだが、これまで俳優教育に意識を持った当事者たちが担ってきた俳優教育を公的な存在が担うこととなったということで、日本の俳優教育の中でも非常に大きな切り替えとなる存在である。俳優教育の最新の潮流ともいえ、取り上げなければならない俳優教育機関である。当然2カ所とも、今現在の俳優教育の課題を解消すべくカリキュラムを組んでいる。それはどのようなものなのか。

1、新国立劇場演劇研修所の俳優教育

◇概要と目的

最初に取り上げるのは、新国立劇場演劇研修所（ＮＮＴドラマ・スタジオ）である。２００５年４月に開設したこの演劇研修所は、日本初の国立の俳優教育機関である。これまでに述べてきたように、演劇の歴史の中で国が伝統芸能以外の演劇の人材育成を行なう場がなかっただけに、この研修所の開設は俳優教育の大きな転換点となった。

新国立劇場演劇研修所も、まさにこの意義を捉えて運営されている。つまり、諸外国には俳優を育てるための演劇学校があり、それらの中には必ず国立の大学や劇場に付属した学校がある。国が芸術家である俳優を育てるということは当たり前のことなのである。しかし日本にはそれがなかった。この状況を、演出家であり、開設から２０１６年３月まで新国立劇場演劇研修所の所長を務めた栗山民也氏は、著書『演出家の仕事』において、日本は「俳優教育の後進国」であると述べている。その状況に対処するために、準備期間を経たのちに開設されたのが新国立劇場演劇研修所であった。

新国立劇場には研修事業として、演劇研修所より前に、オペラ研修所が劇場開場の翌年である

１９９８年に設立され、バレエ研修所が２００１年に設立されている。演劇研修所はオペラ、舞踊、演劇の３事業を行なっている新国立劇場の研修所としては、最後に作られた研修所である。最後に演劇研修所ができたということは、国立の劇場で俳優教育を行なうことに腰が重かった様子が見て取れるようである。そして演劇研修所が設立されて10年。わが国として画期的な、税金で俳優を育てるという事業を国民のどのくらいが理解しているだろうか。

新国立劇場演劇研修所の研修期間は3年間フルタイムで行ない、２０１５年度時点では1年次である11期生13名、２年次である10期生８名、３年次である9期生９名が在籍している。運営は新国立劇場運営財団が行ない、前述の通り演劇研修所の所長は、２０１６年3月までは演出家の栗山民也氏が務めている。1年目と2年目の研修は芸能花伝舎内の専用研修所を利用して行ない、3年目は主に新国立劇場を利用する。

そして研修生には最初の2年間、なんと毎月奨学金が支給される。フルタイムで学ぶ他に、色々な演劇を観る機会を持つことや、勉強の足しにするための奨学金だが、俳優のほとんどが俳優だけでは食べていけない中で、研修に集中するための奨学金が支払われることは非常に恵まれた環境にあるといってよい。

それでは初の国立劇場付属の演劇研修所では、どのような俳優を育てようとしているのか。新国立劇場演劇研修所のパンフレットでは、次のように書いてある。

「新国立劇場演劇研修所（ＮＮＴドラマ・スタジオ）は、明晰な日本語を使いこなし、柔軟で強度のある身体をそなえた次代の演劇を担う舞台俳優の育成を目的としています。

１、２年次の研修では、身体と言語をつなぐために俳優としての基礎的な訓練を行い、演出家との『シーンスタディ』を重ねて様々な演技法を学習します。そして、『心』『身体』『声』を自由に使ってキャラクターを創造し、相手役の存在を意識することを習得し、戯曲の提示する世界を全体として把握する力を養います。３年次は、実践的な舞台実習を中心に、幅広い演技を身につけるとともに、スタッフとの関わりの中で自立した舞台俳優としての方向性を見つけていきます。

舞台俳優としての基礎を習得した修了生は、新国立劇場の主催公演のみならず、多くのプロデュース公演に出演し活躍の場を広げています。」

――新国立劇場演劇研修所パンフレットより

研修所を運営している新国立劇場運営財団の研修所担当に話を聞かせてもらったところによる

と、自立した俳優、演出家と対話することのできる俳優を育てたいとしている。そしてこの研修所は、日本の俳優のレベル底上げのために行なっている事業であり、スター俳優を育てるためのものではないという。「自立した俳優」については、演劇研修所のホームページで、演劇研修所所長の栗山氏の言葉としても語られている。栗山氏は演出家としての経験で、日本には「俳優の在り方のスタンダードがない」と感じており、演出家と話し合えるような自立した俳優が必要ということを述べているのである。

次に研修所のカリキュラムは、研修所所長である栗山民也氏、副所長の西川信廣氏、ヘッドコーチの池内美奈子氏と、サポート委員会のメンバーよって決められている。カリキュラムの内容を説明するものとして、研修生の選考試験要項からの抜粋を紹介しよう。

「3年間の研修で、明晰な日本語を発語し、柔軟な身体表現を習得するために、(1)演技、(2)ムーブメント、(3)ヴォイスの基礎訓練を重ね、これらを俳優の演技として表現できるステップにまで高めていきます。」

1年次では、日本語表現がいかなる技法によって支えられているかを体験し、戯曲、詩、散文をテキストに用い、文章表現に対する理解と声がいかに台詞として実体化されていくかのプロセスを研究します。2年次では、『シーンスタディ』を中心にしたカリキュラムとなり、様々な役柄に挑む過程で、俳優として最も大切な自らのキャラクターを創造していく意思を築きあげます。また研修には、舞台表現として必要とされる技芸（歌唱、殺陣、日本舞踊、ダンスなど）にあわせて、演劇史や芸術理論、劇作家や美術家のレクチャーなど座学も盛り込まれています。

３年次は、舞台人としての表現を確立するための実践的な舞台実習を行ないます。公演を通じて、幅広い演技を身に付けるとともに、舞台芸術の創造者として、演劇の将来を担うための自覚を高めていきます。」

――２０１５年度第11期生募集要項

まず1年目に基礎、2年目で応用、そして3年目に実践で、演出家と向き合う訓練をしていくというように発展していくことがわかる。

具体的に見ていこう。研修所所長であった栗山氏は、著書『演出家の仕事』の中でカリキュラム一覧を掲載している。

表3　新国立劇場演劇研修所　2006年度1学期カリキュラム一覧（1期生）

講座名	講師	時間数
声と演技	池内美奈子	60.75
ムーヴメント	鍬田かおる	7.50
身体と演技	山中ゆうり	55.25
日本舞踊	花柳千代・花柳太郎	19.00
アクション	渥美博	18.00
ダンス	河野有紀子	10.00
歌唱	安崎求 ---------------------------- ---- 小川美也子（個人）	14.00 ------- 科 目 計 15.00 1.00
和楽器（三味線）	杵屋勝芳壽	19.00
マナー	高橋昭子	4.00
シーンスタディ	ペーター・ゲズナー	81.00
朗読	今井朋彦	21.00
ボディワークス	橋本佳子	4.25
アレクサンダー・テクニーク	鍬田かおる	3.50
演劇史	大笹吉雄	13.50
翻訳戯曲について	吉田美枝	6.50
俳優について（発声・呼吸）	樋田慶子	10.00
金曜サロン		9回 13.50
観劇		16.50
HR・面談		3.00

栗山民也『演出家の仕事』2007年、岩波新書、P．171より作成

表3のカリキュラム一覧は2006年時点のものであり、現在のカリキュラムとは科目名、講師名、時間数は異なる。

それによると、新国立劇場演劇研修所のカリキュラムは、４つの要素に分けることができる。それは、(1)演技に関するカリキュラム、(2)身体に関するカリキュラム、(3)座学、(4)現場での学びである。３年次の最後は修了公演で締めくくられる。３年次以外にも各学年末や、その授業の区切りにおいては発表会を行なうこともある。

(1)演技に関するカリキュラムは、「声と演技」、「身体と演技」の基礎トレーニングの他、「存在する身体」（即興）、「身体は喋る Body Speaks」、「歌唱と演技」という俳優の技術を分野別に分けた授業と、「シーンスタディ」や授業内のプロジェクトによる戯曲を使った作品づくりの実践を経験する授業に相当する。

(2)身体に関するカリキュラムは、所作、日本舞踊、ダンス、アクション、ボディコンディショニング、和楽器などの身体的技術の授業がそれに当たる。

(3)座学は、「演劇について」、「俳優について」、「戯曲について」という授業がそれに当たる。戯曲分析や演劇史を学ぶ授業である。

(4)現場での学びとは、授業の内外で行なう新国立劇場の本公演の手伝いや上級生が行なう試演会などの手伝いを経験することによって学ぶスタッフワークがそれに当たる。

実はこのカリキュラムは、諸外国の演劇学校を元にして作られている。

特に(1)に相当する部分は、イギリスの演劇学校で使われている授業内容を取り入れている。新国立劇場では、演劇研修所を作るにあたってイギリス、フランス、ドイツ、韓国、アメリカの演劇学校への事前調査を行なった。その調査結果は「我が国における演劇養成機関の在り方について――調査研究報告書」としてまとめられている。

この報告書は、イギリス、フランス、ドイツ、韓国、アメリカの各国の演劇学校を調査した結果の報告である。調査者がそれぞれ異なるので、調査項目については統一された内容ではないものの、諸外国で行なわれている演劇学校の施設やカリキュラムの実態に関する調査としては、情報量がきわめて多いものである。

その報告書によると、各国の演劇学校によって教えられている内容には当然違いもあり、同じ国内でも演劇学校ごとに個性はあるが、(1)演技に関するカリキュラム、(2)身体に関するカリキュラム、(3)座学という仕組みは共通していた。(4)劇場という場を生かした現場経験は、調査結果にはあまり見られない。しかし諸外国の演劇学校には劇場が設けられているは当たり前のことであり、その劇場を使うことで経験を積んでいることは間違いないと推測できる。

この調査結果を受けているためか、新国立劇場演劇研修所でも同様に、(1)〜(4)をカリキュラムの柱として採用している。特に、(1)の演技に関するカリキュラムがイギリスの演劇学校の授業内容を参考にしているのは、選考試験要項にも載っている基礎訓練である、演技、ムーブメント、ヴォイスを担当する講師が、イギリスで俳優の指導を行なうことのできる資格を取った俳優指導者であるということからもわかるのである。そしてこの点こそが、新国立劇場演劇研修所の最大の特徴であるといえるのだ。

では、新国立劇場演劇研修所のカリキュラムが下敷きにしているイギリスの演劇学校では、どのようなカリキュラムで、どのようなことが教えられているのだろうか。筆者は、イギリスでヴォイス修士号、ヴォイス&スピーチ講師術を取得した俳優指導者である、池内美奈子ヘッドコーチに２０１１年に話を伺った。

池内氏によると、イギリスの演劇学校とは、以下のような存在だという。

「演劇の世界に入っていく人材、演劇という産業を新しくする人材を育て、提供するために演劇学校はある。従来の考えをそのまま継承するだけではなく、新しい考えを生み出し実現するだけの技術も身につけさせる。」

「例えば、集団、カンパニーの一員として行動できること、個人としても作業ができること、何が自分に求められていて何に向かっていくか、そのために何をするべきかを自分で考えられること、言葉として自分の考えや発見を演出家との共通言語・俳優同士の共通言語で有効に・効率的に表現できること（フィードバックができるということ）、といった現場に出て行ったときに仕事をするうえで必要な事も教える。」

それに基づいてどの学校もカリキュラムを組んでいる。カリキュラムには、新国立劇場演劇研修所がそうであるように、ヴォイス、ムーブメントなどの基礎トレーニングの他、即興、コメディア・デラルテ、キャラクターを作るなどパフォーマンスに繋がるプロジェクト、ダンスやフェンシングなどの身体的技術、そしてテレビや映画やラジオの授業もあり、そこではテレビ・ラジオという媒体ごとの違いを教えるという。これらのカリキュラムは、基本的にどの学校でも同じであるそうだ。

日本では、これまで見てきたようにどの俳優教育機関でも教えることが同じというのはあり得ないことである。それは歴史的に見てもわかるように、日本に演技に関するスタンダードがないためである。しかし、イギリスでそれを可能にしているのは、「共通の文法（Common Grammar）」という俳優の技術に対する共通認識があるからだという。「共通の文法」とは、先のような俳優としての姿勢のほか、スタニスラフスキーのリアリズムの演技が基礎となっている俳優の演技の技術のことなのだという。

つまりイギリスの演劇学校では、スタニスラフスキーのリアリズムの演技に基づいて俳優教育を行なっているといえるのだ。スタニスラフスキーを用いた演技へのアプローチ方法を用いることは、「発声をするときの呼吸の仕方、歌を歌うとき音程をとる、といったように当たり前のこと」だという。そして、「共通の文法」に基づいて演劇学校で学んだことは、シェイクスピア、現代劇、ミュージカル、テレビや映画やラジオでも応用可能なのだそうだ。だから、イギリスにおいては演劇、ミュージカル、映画、テレビというジャンルに関わらず、俳優の演技はすべて「共通の文法」に沿って演じられている。俳優を受け入れる演劇界全体が、統一された演技の方法を認めているのであれば、その世界へ俳優を送り出す演劇学校もそれに則った演技を教えることが可能である。

では、なぜイギリスではスタニスラフスキーを採用しているのか。

池内氏によると、スタニスラフスキーの言っていることとは、人間の行動や身体と心のあり方を客観的に捉えて、キャラクターの動きや感情を分析することであるという。特定の時代や文化、スタイルやジャンルを超えていると評価されているために用いられているのだ。これに基づいたトレーニングでは例えば、俳優は戯曲を読む時に、「与えられた状況は何か？」、「この人物のこの場面の目的は何か？」、「それを達成するためにどういう手段をとるのか？」、「葛藤は何か？」「この人物の人生の目的は何か？」などを考え、言葉にすることが求められる。

ただ、実際の俳優教育の現場では、厳格にスタニスラフスキーの「システム」をそのまま演劇学校で用いているということではないようだ。演劇学校の中で教えられる、ヴォイス、ムーブメント、キャラクター作りといった基礎トレーニングは、スタニスラフスキーのリアリズムの演技を実現するために、改めてそれぞれ作り直されたものである。というのも、スタニスラフスキーの「システム」が非常に扱いにくいものであるからだという。

これも池内氏は、「スタニスラフスキーの著作は、読み物として難しいしわかりにくい。スタニスラフスキーの助手だった人や、彼のスタジオで直接スタニスラフスキーから教わった人が教えていることは、本人から実際に教わった内容であって、その人たちも『本はあるけれど、実は読みにくいから読んでもしょうがない』ということを小さく言っている」と語る。第1章のスタニスラフスキーの項で著書を引用したジーン・ベネディティも、現場で俳優たちを教える演技の先生たちは、スタニスラフスキーの著作はあてにしていないと述べているという。

というわけで、少なくともイギリスでは、先輩たちや先生が、スタニスラフスキーの基本的なことを理解した上で、「システム」とは違うアプローチで若い俳優に指導をしている。先に挙げたような、演技を作るにあたって、考えなくてはいけないポイント、例えば「この場面で、あなたの役の目的は何?」、「相手役をどう変えたい?」、「それをするためにどういう道具を使う?」、

「何が障害になって達成できない？」というような点を、先生や演出家はそれぞれの言い方で、目の前の生徒に響くような言葉を選んで問いかける。スタニスラフスキーが使った言葉ではないかもしれないが、「システム」の思想、哲学をそのように伝えているのが実情のようである。

しかし「共通の文法」がイギリスの演技のすべてではなく、スタンダードに対抗する前衛的な演技も存在するということも、池内氏は補足している。

「(「システム」のことを) 意識しておらずにできている人も大勢いるし、そのような言葉を使っていない人もいる。知らないからどうだという訳でもないので、スタニスラフスキー・システムを学ばなくては！ということでは決してない (これは例えば、算数の九九を使うということに近く、それができたからといって演技が素晴らしくなるかは別問題) 少なくともイギリスの演劇学校では、人間の行動の意識付けをして、それを論理的に説明できるような力を身につけることを目的としている」ということである。

話を新国立劇場演劇研修所に戻すと、ここは、俳優のあり方をイギリスの「共通の文法」に求めて演技を学ぶ場である。「システム」ではないが、スタニスラフスキーのリアリズムの演技を作るためのイギリスの俳優トレーニングを、その指導の専門家である俳優指導者を講師に招くことによって実施しているのである。

すなわちここで研修生に教えられることは、リアリズムの演技である。そしてイギリスですでに実績を挙げている俳優トレーニングを組み込み、日本用に応用してカリキュラムを作成している。新国立劇場演劇研修所は、わが国にはこれまで全く存在しなかった、欧米の演劇学校を模した俳優教育機関だということができる。そして、イギリスでそうであるように、テレビや舞台などの媒体を問わずに対応することのできる俳優を育成しようとしている。

◇カリキュラム分析

ではそれぞれの科目では、どのようなことが教えられているのか、(1)演技に関するカリキュラム、(2)身体に関するカリキュラム、(3)座学、(4)現場での学びという項目ごとに内容の分析を進めてみよう。ここでもイギリスの演劇学校を知り、新国立劇場演劇研修所のヘッドコーチである池内美奈子氏へのインタビューを元にまとめている。

(1)演技する技術

演技に関する技術に関連した科目は、大きく分けて2つに分類することができる。1つは基礎トレーニングに相当するものと、もう1つは実際の戯曲を使って演技を行なうものである。

第一に基礎トレーニングに相当する科目であるが、「声と演技」（ヴォイス）、「身体と演技」（ムーブメント）、「身体は喋る Body Speaks」、「存在する身体」（即興）、「歌唱と演技」がそれに当たる。「声と演技」と「身体と演技」は、まさにイギリスの演劇学校で行なわれている基礎トレーニングのヴォイスとムーブメントであり、「身体は喋る Body Speaks」はキャラクター作りにつながる科目である。そして、これらはスタニスラフスキーのリアリズムの演技を実現するための要となる科目であるといえる。

まず「声と演技」（ヴォイス）という科目は、いかに台詞を話し、演技のために声を使い、言葉を使うかを考える科目である。「言葉を生かすために俳優がいるという風に考える」のだという。俳優が持つ衝動と、話さなければいけない台詞をうまく結び付けるための訓練である。

イギリスにおけるヴォイスの歴史は、１９０６年に Central School of Speech and Drama という学校が開校したところにはじまる。ここでは俳優の訓練と同時に、俳優を教える先生の訓練も行なわれたのだが、俳優を教える先生のための講師は、当時のスピーチセラピスト、言語療法士が担当していたという。ヴォイスが専門である池内氏は、「長い台詞をどう喋るかが俳優の大きな技術の１つだったのでは」と考えている。そういえば、２０１０年にアカデミー賞を受賞した「英国王のスピーチ」という映画の主人公の１人、ジョージ６世を指導する言語療法士ライオネル・

ローグもまた、売れない俳優だった。これは史実であるのだが、この点からも演劇と雄弁術とのつながりを見て取ることができる。

「身体と演技」（ムーブメント）という科目は、「演技に合わせていかに動くのか。」ということを考える科目で、俳優が動きたいと思う動きと、実際に動かなければならない動きを連結させることを目的とした訓練である。このような科目が生まれた背景としては、池内氏によると「どうやらアングロサクソンは身体の動きは苦手で、首から上の演技といわれていた。ムーブメントはそこから出ているのではないだろうか。」ということである。この説は、スズキメソッドが海外でも受け入れられた理由とつながるかもしれない。

ヴォイスもムーブメントも、演技と台詞や動きを結びつけることを容易にするための科目であるが、その他の目的として、声や身体の動きの種類を多様にし、演技の幅を広げるためというものがある。声1つにしても、人間の喋り方は一様ではなく、動きにもたくさんの種類がある。意識の網目を細かくして、色々な声や身体の動きの色や質感を分析していく訓練である。これらの訓練は、後に俳優が役を持ったとき、演じるアプローチの可能性の幅を広げることに繋がっていく。

これらの授業は講師と生徒が実技を通して行なっていく授業であるため、教科書を使うようなものではない。イギリスの演劇学校でもそれは同様である。鉄棒で逆上がりの方法を教えるのに、教師が実践しながら身体の経験を持って生徒を導いていくのと似ていている。俳優の講師になる人たちは、ヴォイスでもムーブメントでも身体の仕組みを理解し、理論を学ぶために、たくさんの書籍をテキストとして使用するが、俳優に教えるときにはプリントを配布する程度だという。

そのため、残念ながら、ヴォイスやムーブメントで教えられていることを文献で知ることはできない。しかし、イギリスのヴォイス講師による著書で日本語訳されている本が1冊ある。イギリスでのヴォイス講師の権威であるというパッツィ・ローデンバーグ著、吉田美枝訳による『あなたの生き方を変えるボイストレーニングの本　話す権利』（２００１年劇書房）である。ただタイトルにもあるように、俳優の基礎トレーニングとしてのヴォイスを学ぶ本ではなく、日常にも使えるボイストレーニングの実践の本となっている。それでも、声を出すということを支える身体的な仕組みや動作の解説、エクササイズの紹介はされている。この本によって、ヴォイスの講師をめざす人はこのように身体の仕組みから学習し、エクササイズを習得しているのだろうということは、大まかに理解することができる。

「身体は喋る Body Speaks」はキャラクター作りの授業である。この科目はイギリスの俳優指導者ローナ・マーシャル氏が、各学年の一定の時期に固めて授業を行なうものである。この授業の中で行なわれる内容は、リアリズム演劇を構成するキャラクターの作り方と演じ方を教えるものである。まず戯曲を分析する中で、キャラクターに関する情報を拾い、具現化していく作業を学ぶためのエクササイズを用いるという。キャラクターの心理と、その心理を表現し、裏付けていく身体の動きを細かく作っていく作業は、まさに心理的リアリズムの演技の作り方の真髄といえる。

また、動きの反射神経と演劇創作を結びつける訓練であり、「舞台に上がった時に、押しもせず引きもせず、ちゃんと存在し、観客とずっとコミュニケーションをとることができるような筋肉をつける」ため、そしてキャラクター作りの中でも使うために、即興（インプロヴィゼーション）を学ぶ「存在する身体」の授業と、台詞だけでなく歌という表現を磨く「歌唱と演技」という科目がある。

そして、第2の演技に関する授業の要素に、実際の戯曲を使った学習「シーンスタディ」という科目や、授業内のプロジェクトがある。各学年、基礎訓練など授業内で学んだことを、演出家と共に作品づくりで実践するのである。プロジェクトの演出家には、「新国立劇場で演出ができるくらいの人材で、研修所で研修生に教えるということに向いている人」があたる。作品はその期（年次）に応じたものを、国内外の古典から現代の作品の中からそのつど選んでいく。トレーニングだけではなく、演出家と俳優とのやりとりによってキャラクターや作品を作るということを、実践を通じて学ぶ。

(2)身体に関するカリキュラム

身体に関するカリキュラムには、所作、日本舞踊、ダンス、アクション、和楽器などがある。ダンスなどの西欧の身体技術だけでなく、日本の伝統的な身体技術も学んでいく。和楽器の演奏の訓練もあり、あらゆる作品での対応力を付ける目的があることが読み取れる。

新国立劇場演劇研修所の身体に関するカリキュラムは、カリキュラム幅の広さと講師陣を見ると、個人では学びきれないような内容を揃えていることから、学習の経験としては貴重なものだといえる。

(3)座学

座学は「演劇について」、「俳優について」、「戯曲について」という科目がそれにあたる。演劇の勉強の機会が少ない日本の俳優の状況に合わせたものと窺い知ることができ、知識の面からも俳優の力を養う目的がある。

現在その主担当の講師は、シェイクスピア作品が専門である河合祥一郎氏があたっている。それ以外にもゲスト講師を招いて講義を行なうこともある。

(4)現場での学び

研修生は、新国立劇場の本公演の手伝いや、3年次の試演会でのスタッフ経験などを通じて俳優以外の作品づくりの現場を体験することになっている。新国立劇場運営財団の研究所担当者によると、創造の現場である劇場が身近にあること、「役者を役者として見る人が（近くに）いる」ことは強みと考えているという。そしてその様子をスタッフとして、俳優から離れた立場から見ていくことに意義があるのだ。

研修所所長の栗山氏も著作の中で、俳優のみを専門的に学ぶだけでなく広く演劇創作の現場を体験させることは、研修生たちの「間口が広がっていくこと」になり、俳優という職業でなくても演出家や大道具などに興味を持つきっかけとなって「大切な演劇人が広がっていく」と述べている。

また、最終年次の修了公演では、新国立劇場の劇場を使用した本格的な公演を行なう。それまでのシーンスタディなどもそうだが、公演をするときの題材となる作品は、海外の翻訳作品や近代古典、時代物や現代の作品など、あらゆるジャンルの作品を取り上げる。

◇考察――演劇学校をベースとした学校式の俳優教育

ここまで新国立劇場演劇研修所のカリキュラムを見てきた。この俳優教育機関の特徴としては、①欧米で実施されている演劇学校という形での俳優教育機関であるということ、②カリキュラムの中でも俳優の技術に関しては、すでに体系的に整備されているイギリスの基礎トレーニングを採用しているということ、③そしてそれを俳優指導者という俳優を教えることの専門家が講師として訓練を行なっているということである。

教えられている俳優の演技は、スタニスラフスキーのリアリズムの演技であり、基礎トレーニングは、リアリズムの演技を実現するためのイギリスの演劇学校で使われている俳優トレーニングである。スタニスラフスキーの「システム」がきちんと取り入れられてこなかった日本においては、「システム」そのものを使っていないとはいえ、カリキュラムが一貫して「システム」に基づく科目で構成されているという俳優教育機関は、ほぼはじめてだといえるのではないだろうか。

新国立劇場演劇研修所で教えられているリアリズムの演技は、「共通の文法」とされているように、イギリスでは俳優の技術としてのスタンダードである。欧米各国では形が違っても、スタニスラフスキーのもたらしたリアリズムの演技が、俳優の演技においては主流であり、演劇だけでなく、映像、ミュージカルなどにも応用可能な総合的な演技であると考えられている。

それでは一方の研修生たちは、この研修所での学びについてどのように考えているのだろうか。第6期研修生4名への2011年に行ったインタビュー調査の結果を紹介しよう。

インタビュー方法：1対1での対面調査　1人1～2時間（非構造的インタビュー）
対象：新国立劇場演劇研修所　第6期研修生4名
Aさん　20代後半男性　舞台ではなく映像で活躍できる俳優志望。
Bさん　20代前半女性　ミュージカル俳優志望。
Cさん　20代後半女性　新劇系の養成所に1年間通った経験がある。
Dさん　20代後半男性　小劇場から大きくなった劇団の俳優教室に1年在籍。
※いずれも調査実施当時

まず、新国立劇場演劇研修所を選んだ動機を聞いたところ、「演技力を身につけることができるから」と答えたのは、ＡさんとＢさんであったが、この２人は修了後、映像やミュージカルで活躍する俳優になりたいと志望する研修生であった。俳優の演技のスタンダードがはっきりと存在せず、演技自体の認識も不確かな俳優にとって、確固たる演技力を付けたいとしてこの研修所を選んでいるということなのである。しかし彼らは２人とも、新国立劇場演劇研修所でリアリズムの演技を学ぶということをあらかじめ認識して入ったわけではない。しかし図らずも、ミュージカルや映像にも総合的に応用可能といわれるリアリズムの演技を学んでいる。

また、スズキメソッドが日本人以外にも合うのかどうかという質問と同様、イギリスのリアリズムの演技術が自分たちに合うと思っているか、という疑問をぶつけてみたところでは、全員違和感はないと答えた。授業を担当する池内氏も、日本人に合わせるという意味もあって、授業は試行錯誤しながら、調整しながら進めているということである。

インタビューした研修生の中には、新国立劇場演劇研修所に入る前に、他の劇団の養成所にいた経験を持つ人が２人いる。２人とも今学んでいるような演技の作り方は、全く経験がないと答えている。今学んでいるような演技の作り方とは、これまで見てきた通り、俳優に必要な項目を各科目に分解し、その専門家が教えるという学習の進め方のことである。

他の養成所ではダンスなどの身体的な技術はともかく、入所してすぐに台本を持って実際に演じてみることからはじめるという。そこで担当の講師（多くはその劇団の俳優や演出助手だという）が、研修生の演技に対してコメント（ダメ出し）を言い、そこから学んでいく方法を取るという。

この手法をとらず、領域ごとの専門家が指導をして積み上げていく図式を持つ新国立劇場演劇研修所は、学校のような教育を用いて俳優教育を行なっているといえるのである。教える専門家が授業として科目を担当すれば、学ぶ内容も明確であり、段階的にレベルが上がることで自分の進歩を実感することができる。この方法だと、研修生たちが「演技力を身につけることができる」という入所目的の達成を実感しやすくなる。

さらに、研修所の側も研修生に対する考え方として、「売れる俳優は社会が決める、それがいつになるかわからない。」として、途中で研修生を落第はさせず、全員に3年間で技術を身につけさせるとのことである。この仕組みもまた学校的である。

つまり新国立劇場演劇研修所は、欧米の演劇学校を、学習内容と教育機関の仕組みの両方ともに取り入れている、日本で唯一の、最初の俳優教育機関であるといえる。

開設以来第1期生から8期生までを修了生として輩出したが、少人数制のため修了生の数も少なく、この研修所の意義である、海外の演劇学校的な教育法やリアリズムの演技を扱っているということは、残念ながらあまり知られていることではない。また、リアリズムの演技といえば、平田オリザの現代口語演劇、岡田利規の超現代口語演劇などによって、日本語と現代の日本人に基づいたリアリズムが追求されてきている。そのため、ここで教えられる演技は現在のところ、「新国立劇場演劇研修所が採用する演技」であり、イギリスのような日本の俳優の「共通の文法」になることはない。また、演劇研修所もおそらくそんなことを目的としているわけではないだろう。新国立劇場の研修所で扱うリアリズムの演技は、スタンダードではなくリアリティを追求する手法の1つと捉えることになる。

ただ、イギリスでは、リアリズムの演技が演劇のみならず、ミュージカルやテレビドラマ、映画などといった媒体を問わない演技と考えられ活用されているように、ここで学んだ研修生は複雑化する俳優のあらゆる活動領域に適応できる力を身につけることができる。池内美奈子ヘッドコーチは、研修生たちには、アーティストになるのなら「歯車ではなくエンジン」になれるよう精進せよと伝えているという。池内氏はイギリスの俳優教育機関を、

「社会・文化の中に存在し、単独では決して存在し得ない。その社会の国民性なども反映する。弁護士や医者が社会に存在するように、その社会の中に必要があって演劇学校が生まれた。『社会』

の中に生かされたということを忘れてしまった俳優は、『社会』から見向きもされなくなるだろう。」

と述べた。ということは、新国立劇場演劇研修での教育を受けた俳優たちは、「社会から求められる存在」にならなければならない。マルチな活動が求められる現在の日本の俳優たちにとっては、ここでの学びを経ることは、俳優を取り巻く社会に応える力を身につけることができるという点で有意義であろう。

ただ、現在新国立劇場演劇研修所出身の俳優が、演劇界の第一線で活躍する姿を見ることはあまりできない。それを池内氏は、

「社会が求めていないからではないのか。体系的な教育を受けた俳優が必要か、観客もそのような俳優を見たことがないので比べようがない。俳優には何ができるのか、ということがわかれば初めて判断できるのではないのだろうか。」

と述べている。全く新しい取り組みであるこの研修所の挑戦の今後がどうなるかは、社会の「歯車」でなく、新しい動きを作り出す動力部分「エンジン」となる研修生の活躍にかかっているといえるのである。

2、座・高円寺／劇場創造アカデミーの俳優教育

次に挙げるのは、東京都杉並区の公共劇場である杉並区杉並芸術会館、座・高円寺に付属している劇場創造アカデミーの俳優教育である。地域の公共劇場における人材育成の取り組みとして、非常に注目すべき俳優教育機関である。筆者は、２０１１年に座・高円寺の芸術監督であり、劇場創造アカデミーのカリキュラム・ディレクターでもある佐藤信氏に話を伺った。まずは劇場創造アカデミーの概要とその目的から話を進めよう。

◇概要と目的

劇場創造アカデミーは２００９年に第1期生を迎えた。研修期間は2年間で、２０１５年３月に5期生が修了した、まだ新しい俳優教育機関である。座・高円寺という劇場は、ＮＰＯ劇場創造ネットワークが指定管理者となって運営を行なっているのだが、劇場創造アカデミーの運営もこのＮＰＯが担っている。劇場創造アカデミーのカリキュラム・ディレクターの1人は、座・高円寺の芸術監督である佐藤信氏が担当している。佐藤信氏は、劇団黒テントの劇作家、演出家を担い、言わずと知れたアングラ演劇を代表する人物である。

劇場創造アカデミーは、俳優のためだけの研修所ではない。俳優やワークショップリーダーを育成する演技コースのほか、演出、美術・照明・音響プランナー、技術スタッフを育成する舞台演出コース、制作、劇場運営、ドラマトゥルグ、地域活動、劇場・演劇研究を行なう人材を育成する劇場環境コースの3つのコースを設けている。そしてそれぞれのコースの研修生が一定期間、一緒に同じカリキュラムを受けるのだが、この点が劇場創造アカデミーの特徴の1つである。つまり他の俳優教育機関と違い、俳優志望であってもスタッフの業務や劇場を運営するマネジメントの知識を得ることができるのである。

座・高円寺は、杉並区杉並芸術会館という地域の公共劇場である。

地方公共団体の公共劇場における俳優教育の前例としては、兵庫県立尼崎青少年創造劇場(ピッコロシアター)がある。開館5周年事業として1983年にピッコロ演劇学校が開校しているが、ピッコロ演劇学校ホームページ、ならびに「我が国における演劇養成機関の在り方について―調査研究報告書」によると、これが地域の公共劇場で演劇学校を開設し人材育成を行なった全国初の例であるという。おそらく座・高円寺劇場創造アカデミーは、ピッコロ演劇学校に次ぐ、日本で2番目の地域の公共劇場における人材育成事業である。なお、ピッコロ演劇学校は、開館10周年に県立ピッコロ劇団を旗揚げしている。俳優を育成する演劇学校だけでなく、スタッフを育成するピッコロ舞台芸術学校もある。しかし、ピッコロ演劇学校では職業人としての俳優だけでなく、学校演劇、文化部の指導者、地域の文化活動リーダーも育成の対象としているという点では、劇場創造アカデミーとは少し性質が異なる。

そのため、地域の公共劇場においてプロの俳優を育てる人材育成事業としては2例目であり、この点について、座・高円寺の芸術監督である佐藤信氏は、早稲田大学演劇博物館のグローバルＣＯＥプログラム　演劇・映像の国際的研究拠点の研究会（２０１１年7月開催「舞台芸術と人材育成　第６回　座・高円寺、劇場創造アカデミーの実験」）において、「ある程度の予算があれば、どの地域の劇場でも人材育成ができるというプロトタイプにしたい」と述べている。

そして、この俳優教育機関では、既存の市場に対して人材を提供するのではなく、劇場という場所で働く「新しいタイプの俳優」を育成したいとも述べている。劇場創造アカデミーのホームページにも書かれているキャッチコピーは、「劇場で生きる！」なのだが、端的にこの俳優教育機関が育てていきたい俳優の方向性を示している。

決して日本だけの話だけではないのだが、俳優は俳優教育機関を卒業しても働く場がない。それは佐藤氏も新国立劇場演劇研修所ヘッドコーチの池内氏も認めることなのだが、俳優を受け入れる十分な市場がないからである。もちろんテレビや映画などの世界は、俳優を求めているが、そこでは必ずしも俳優の演技力だけで判断されない。

今後、座・高円寺を筆頭に公共劇場が増え、各地の劇場のレパートリーを増やして上演をしていくことができれば、劇場に俳優がいる状態が実現でき、俳優の出演する先は増えていくのではないかという目論見である。

劇場で働く俳優というモデルは、全く前例がなかったわけではない。かつて商業演劇が盛んだったころの東宝や松竹では、大きな芝居を上演する際には契約した俳優を使うことがあったという。今後、「劇場を中心とした演劇活動をなんとか5年とか10年をかけてできないか」と佐藤氏は考えている。だからこそ、既成の場所で働く俳優ではなく「劇場で働く」俳優を育てるためのプログラムを決めているのだという。具体的には、演劇の理想を共にする人が集まった集団であり、理想を形にした演劇作品を上演する「閉ざされたシステム」である劇団ではなく、観客に対してあらゆる演劇作品を提供して観客が演劇と出会う場所という「開いたシステム」である劇場で活動をするための訓練を行なっていく必要がある。どんな作品、どんな演出でも対応できるような俳優を育成していくという。

◇カリキュラム分析

ではカリキュラムを見ていこう。

劇場創造アカデミーにおいても、新国立劇場演劇研修所と同様、カリキュラムを大きく(1)演技に関するカリキュラム、(2)身体に関するカリキュラム、(3)座学、(4)現場での学び、の4つに分けることができる。現場での学びは、劇場研修とした形で授業内外に存在し、研修生の学びの経験となる。さらに1年目の成果発表と2年目の修了公演によって、年次ごとの総まとめをする。

(1)演技に関するカリキュラム

演技に関するカリキュラムとしては、1年目の演技基礎、即興演技、テキスト読解、2年目の演技研修、テキスト研究がそれにあたる。特に演技基礎、演技研修と呼ばれる科目は、佐藤信氏、生田萬氏、木野花氏という小劇場界で活躍する劇作家、演出家が担当している。演出家が俳優の演技の科目を担当することは、日本の俳優教育では珍しいことではない。諸外国では、新国立劇場演劇研修所に見てきたようなイギリスの俳優教育の例でわかるように、俳優教育を専門とする俳優指導者がいる場合がある。俳優指導者というものがこれまでほとんどおらず、そして演劇が劇団という集団で行なわれることが中心であった日本においては、劇団の中心にいる演出家が俳優を育成することは、極めて通常の流れである。

演出家が俳優を指導することについて、佐藤信氏は「技術は教えるのではなく、見つけるのは演出家が良い、演出家はそれが仕事だから」と述べている。これは後で詳述するが、佐藤氏の俳優教育についての考え方において、クリエイティブな職業の人材を育てるためには、技術は教えることはできない、それぞれの資質を見出してあげた後は自分で落とし込んで考えるしかないという考え方による。演技基礎という科目でも、「演技という一律に教えないところをやるわけだから、一人ひとりにあったことをやる。」という。つまり、一律なシステムを教えることは、授業内では行なわないということなのである。

(2)身体に関するカリキュラム

1年目の発声基礎、身体表現基礎、身体運動基礎、狂言、2年目の発声・歌唱、身体表現演習が身体に関するカリキュラムに相当している。身体に関する実技の科目では、まず身体について学んだ上で実技に入ることを重視している。佐藤氏によると、いきなり演技の実践に入る日本の俳優教育の反省点として、自分の身体のどれがどの筋肉か、自覚が少ないという点があるという。

身体訓練の中で特殊な授業といえるのは、日本の伝統的な狂言の科目や合気道ではないだろうか。その理由としては、日本の古典的な身体訓練は、「合理的ではないけれども、自分たちの身体に結びついた身体論を持っている」ためだそうだ。狂言においては日常生活で全く行なわない、正座や着物を着ることや、手をついて挨拶をするという動作の訓練を目的にしていて、合気道のほうは身体と身体が協働して相手の動きに応じて動く点が非常に演劇的であるため、カリキュラムに取り入れているという。ちなみに合気道の精神を学んだアメリカ人スティーブ・パクストンは、合気道をコンタクトインプロヴィゼーションへと昇華させていったという例もある。

なお、カリキュラムの中には、バレエをはじめとするダンスは含まれていない。それは、ダンスがそれぞれのダンステクニックを持っていて、筋肉の動きが普遍的ではないからだという。また、バレエだと、下から上へ引き上げる身体の作りになるため、台詞の喋り方も下から上へ持ち上げられた喋り方になってしまうのだという。「演劇に必要な身体表現として、幅広く捉えられるもの」という観点からカリキュラムを組んでいる。

(3)座学

1年目のパフォーマンス概論、伝統演劇論、劇場概論、セノグラフィ論/舞台美術基礎、映像メディアWS、ドラマトゥルグ論、劇場環境論がある。これらの科目は1年目に学習する。

先述の通り、座・高円寺の特長の1つは、1年目は、劇場創造アカデミーが設置している3コースすべての研修生が授業を同じ受ける点にある。俳優志望であっても、俳優の演技に関わる座学だけでなく、劇場という場所に関わる内容を学んでいかなければならないし、逆にスタッフや劇場の運営に関心のある人も、演技の勉強をする必要がある。

コースに関わらず、1年目は全員が同じカリキュラムを取ることについては、「劇場」という場所で生きる以上、すべてのことをわかっていなければどの作業もできないためだと佐藤氏は述べている。例えば制作も、俳優がどんなに大変な仕事でどんな心理状態にあるのかを知る必要がある。そのことが、相互関係を築くことに役立つ。そして、自分自身が俳優をやったことがあれば、俳優を使うことになったときに、どれだけ力がある俳優なのかを見出すこともできるのである。1年目にすべてのカリキュラムを経験した後、2年目に入る前には面談を行ない、自分の専門性を確認する。そのときにコースを変更することも可能だという。

また2年目にはゼミ制という仕組みをとっている。いよいよ専門性を明確にするためのもので、俳優ゼミや演出ゼミでそれぞれの領域の勉強を深めていく。例えば佐藤氏が担当した演出ゼミでは、1つの戯曲の演出プランを練ってみるというもの、俳優のゼミではコントをやってみるという内容があったという。

大学のゼミのように各先生の下に集まるというよりは、各領域の専門に分かれて、課題を重点的にこなしていく作り方である。

（4）現場での学び

教育の場が劇場ということで、2年目には劇場研修という授業がある。

それは2カ月間、制作室でスタッフとして働き、実際に劇場で生きている人と一緒に劇場を体験する。現場で働いている人が見守る中で現場を経験する機会として、重要視しているという。

それ以外にも、アルバイトとしても劇場で働く経験を持つという。俳優の場合は、劇場創造アカデミー修了後に、座・高円寺の舞台に立ってそれをデビューとするというが、研修中の段階ではアンサンブルとしてでも舞台に立つことはできない。

そして成果発表の場として、1年目の成果発表会、2年目の修了公演を劇場で行なう授業がある。

◇考察――座・高円寺／劇場創造アカデミーの個による個の学習

座・高円寺／劇場創造アカデミーの俳優教育の中で貫かれていることは、長年日本の演劇文化の第一線で活躍してきた佐藤信氏の経験と考え方から、日本の次の演劇を背負っていく人材を育てていくという方針である。日本の演劇の現場に根ざし、かつ、これからの日本の演劇を作っていくための人材育成なのである。佐藤氏は人材育成に関してこう語ってくれた。

「会社なんかの人材育成と違って、こういうクリエイティブな人を作ることは、次の時代を作る人だから、ほんとは教えることはできない。アーティストは、絶対に教えられないと思う。良いアーティストなら、先生のことを全否定していくから。だから教える側も、それに耐えられるかどうかということ。

でも、演劇は『こっちのほうへ』と持っている形じゃなくて、次の形を作れる人達を見つけるということ。だから僕らにできることは、潰さないということだけ。個性とか、その人が持っているものを。それで、本当にプロになれるかということは、もっと低次元のこと、例えば持続力があるかとか。(中略)実は技術というものは、そういうものの集積。それと高度な技術は、失敗することでしか身に付かない。職人さんの技術とは皆そう、最初はできないってことから入る。今だと皆マニュアル見て、最初からできるってとこを求めるのだが、(技術を身につけることは)絶対にできない、知らないから。しかも手仕事だから。使ってみて失敗して、『あ、こういうことなんだ』とわかっていく。その2つのことを教えようと思っている。」

俳優の技術は教えることではできない。見つけ出されることによって、自分の力で培っていくものだという佐藤氏の考えがわかる。そして、俳優個人の資質や良さを見出すのには、俳優を見ることを仕事にしている演出家が担当するのが望ましい。俳優は、演出家が見つけることで気がついた個人の資質や良さを自分の芸術として落とし込んでいく、その先の作業は自分にしかできないというのである。

例えばよくある間違いとして、訛りを持っている場合はまず訛りを取ってしまうというが、それでは持っているその人の良さを半分くらいに削ってしまう。もちろん訛りによって「演技がいじけている」場合は除くが、訛りを取ること自体はもっと後でもできることだと言うのである。技術的なことは、ある程度のことを学べば、練習を重ねればできてしまう。つまり、演技とは練習すれば誰もができるような技術ではなく、非常に俳優の個々をよりどころとして生まれるものだと考えられているのだ。演出家が演技を教えるということの良さは、その点にあるのだそうだ。

よって、劇場創造アカデミーという教育の場とは、劇場で生きることを楽しむことができるかを知る場所（佐藤氏は少しでもつまらないとか嫌だと思ったらすぐに辞めるべきだとも言っている）、失敗して学ぶ場所の提供だと考えている。そして、一人ひとりの資質や良さを引き出すための授業とするために、演出家による授業を行なっているという。

この点は、先の新国立劇場演劇研修所とは大きく異なる点である。

新国立劇場演劇研修所は、スタニスラフスキーを基にしたリアリズムの演技を身につけるという、共通の到達目的に全員が達するための俳優トレーニングをカリキュラムとして落とし込んでいる。そしてそれを、必要な要素を各科目に分解して段階的に学ぶという、諸外国の演劇学校式のシステムを持っており、日本にとってそのような俳優教育ははじめての試みである。

それに対して劇場創造アカデミーは、俳優が個を生かして主体的に学ぶ、個に応じた技術の習得場所なのである。俳優を見る演出家がいて、その演出家の指す言葉、あるいは言葉での表現ではない方法によって、俳優たちは自らの反省点や、習得するべきものを知る。俳優としての要素を一つ一つ分解して演出家が教えてくれるわけではなく、演出家と一緒に作品を作っていく段階の中で、自ら学んでいく方法である。演出家は教えるのではなく「見出す」という佐藤氏の言葉には、見出すまではするがその先は俳優本人にしかわからない、ということも含んでいる。

さらに佐藤氏は、俳優の個性というものについて一歩踏み込んだ考えを持っている。

佐藤氏によれば、近代以降の芸術は「私はここにいる」ということの個の表明であったという。演劇も同様なのだが、演劇の場合それを集団ですることになる。劇団という集団単位では、演劇の方向性を打ち出す1人の主宰に共感する人たちが集まっている。もし考えを揃えたいのならば、影響力を持つ1人の主宰が自らの芸術性に基づいて1つのことを教えることで、皆同じ方向を向くことができる。

しかし今は演劇の形が多様化している。プロデュースシステムがあるように、全くばらばらなまま個々人が集団で演劇活動を行なうこともあるので、それぞれの持っているものを大事にしなければならないという。だからこそ、演技の科目では、佐藤信氏や生田萬氏、木野花氏という3人の全く異なる演出家と相対することによって、多方面から個を見出していく経験をさせているのである。

1つのシステムを教えずに、俳優一人ひとりの素質や個性を複数の演出家が見出して育てていく劇場創造アカデミーの俳優教育の方法は、教える内容が個に応じて異なることから、決まったルールや論理がない。そのため今後佐藤信氏がこの俳優教育機関での指導と運営から離れた場合には、継承する部分は少ないという。佐藤氏は、

「『現状に対して人材を供給するのではなくて、次のステップを作れる人材を作りたい』、『演劇表現っていうものの方法論っていうのは最終的には、個に寄り添うもので、だから少人数で一人ひとりと向き合うことでしか伝えられない』っていう2点くらいは引き継いで欲しい。それ以外

はない。内容がすごく変わってもいい。それから、(劇場での教育を)必要ないと思えばやめればいいけど、僕は公共劇場がすべてはじめればいいと思っている、だって場所が空いているのだから」

と述べている。

新たな演出家がきた時は、また新たな芸術性とのぶつかりが生まれることによって個の成長のきっかけになる。公共劇場における人材育成、また佐藤氏の考える劇場で俳優が生きるという新しい演劇の形がどうなっていくのか、そして個による個の俳優教育という、日本の演劇、劇団がたどった道に沿う俳優教育であるという点も含めて、劇場創造アカデミーの新しい取り組みはこれから特に注目すべきものだと考えられる。

3、比較　2つの劇場、2つの学びの形――「教育」と「個の学習」

日本の俳優教育の形として、最も新しい2カ所の公立劇場における人材育成事業としての俳優教育を取り上げ、それぞれのカリキュラムを見ていった。

2つの俳優教育機関の共通点としては、カリキュラムを構成する4つの柱が挙げられる。それは、(1)演技に関するカリキュラム、(2)身体に関するカリキュラム、(3)座学、(4)現場での学びである。それぞれ、これらの4点に沿って各俳優教育機関の方針のもと授業内容を作っており、また諸外国の演劇学校のカリキュラムもこの4点に基づいて組み立てられている。そのため、この4つの柱は、俳優教育に必要な柱であると言える。

新国立劇場演劇研修所は、欧米の演劇学校の機構を基にして作られた俳優教育機関である。教えられている内容のうち、俳優の演技に関わる基礎トレーニングはイギリスの演劇学校で教えられているもので、それをイギリスで俳優指導者の資格を持つ講師陣が教えている。俳優トレーニングは、スタニスラフスキーの「システム」を教えやすいように作り替えたものであり、教えられている演技はリアリズムの演技である。リアリズムの演技は演劇だけでなく映像の世界にも応用することができ、広く俳優の演技力を身につけることができる。俳優の活躍のフィールドが多様化している今、どの世界でも対応することのできる能力として期待されている。

一方の、座・高円寺／劇場創造アカデミーは、地域の公共劇場に付属し、劇場を活動の拠点とするような新しい俳優のスタイルを確立するために作られた俳優教育機関である。ここでの俳優の演技の学び方は、見る専門家である演出家が、個々の俳優の良さや可能性を見出し、そこから俳優自らが学ぶ方法をとっている。演出家の言葉の中から自分が学びとる方法は、日本の劇団において演出家兼劇作家が中心となる作品づくりの中で見られる手法であり、実際の演劇作りの現場に則した教え方でもある。日本の演劇の現場は、俳優の個性を重要なものとして捉えてきた。劇場創造アカデミーも、自分にしかないものを見出し、自ら習得する方法によって、一人ひとりの俳優の個の技術を伸ばすプログラムを提供している。

このように、新国立劇場演劇研修所と、座・高円寺／劇場創造アカデミーという2つの俳優教育機関にはかなりはっきりとした違いがある。この違いから、日本の俳優教育が考える学びの形について考えてみよう。

まず、2つの俳優教育機関が提供する学びの形の違いは、一見してわかるように新国立劇場演劇研修所が採用する段階的な教育を施すことによって演技を学ぶという学び方と、座・高円寺／劇場創造アカデミーが採用する、日本の劇団がたどってきたように演出家が俳優の個を見出し、基本的には俳優が主体的に学習することを助けるという学び方である。

新国立劇場演劇研修所が採用している学び方は、イギリスの演劇学校が行なっているように、学ぶ内容を分解して、１つの要素をクリアしたら次に進むという教育の方法である。また目標設定に必要な要素も併せて組み込んでいき、総合的に人を育て上げていく。このような段階的な学びの方法は、学校式の教育手法である。

欧米の俳優教育におけるスタンダードとなるスタニスラフスキーも、演劇づくりを15の段階に分けた。一つ一つの要素に分解してそれごとに習得していくことによって、成長していくことをめざしている。著作「俳優修業」あるいは「俳優の仕事」も、教師が生徒に演劇を教えていくという設定の下に進んでいる。そしてスタニスラフスキー以降の俳優トレーニングも、その手法にならって、段階的に習得することの積み重ねによる学習法を示している。つまり、諸外国の俳優教育のスタンダードは、学校式の教育によって行なわれるのである。

このような段階的な学びの方法は、特に西欧の芸術においては演劇に限らず常道である。習い事のピアノのレッスンを想像してみてほしい。まずは右手、左手の指の運び方からはじめ、徐々にテクニックを身につけて曲にチャレンジしていく。教本もレベルに合わせて用意されている。演劇においても同じことで、俳優の技術を段階的に身につけていこうとする発想は西欧においては当たり前であるといえる。

ピアノのレッスンを例に挙げたが、もちろん芸術教育のみならず、初等教育においてもこの手法は見出すことができる。算数でも、最初は足し算、次に引き算があって、かけ算や割り算に発展していく。この学習方法が演劇に適用されていると考えてもらいたい。

このような学校式の学びの利点は、教授内容が明確であることである。段階をクリアすることを目的として生徒を導いていけばいい。そのため、教える対象がマスであっても問題ない。指導することのできる場所が多ければ多いほど、一定の学習内容を大勢が学ぶことができる。西欧の俳優が皆、スタンダードとなる俳優トレーニングを受けて1つの演技論を実践することができるのは、これが理由である。

当然ながら指導する側への教育も必要である。新国立劇場演劇運営財団の研修所担当によると、演劇研修所の次の目標の1つには、指導者の育成があるという。教授内容が明確で、めざす目標が普遍的である以上、まずは1人の指導者養成のための先生がいれば、その後は指導者養成も継続的に広がっていくことができるだろう。

逆に学校教育の欠点は、内容が一定であるために、大勢が同じことしか学ばないという点である。ある到達点までは、大勢が到達することができるので、一定レベルの技術のある俳優は大勢生まれる。しかしそれでは、当然同じような演技の俳優が多くなる。表現活動である演劇においては、ある程度の個性の表出が必要である。もちろん、スタニスラフスキーの「システム」による演技が俳優の個を全く消すわけではない。ただ、「システム」による演技によって、俳優が皆、同じようなアプローチで役に取り組むと、その表現が似てしまう可能性が否めない。その点をいかに捉えるかが、指導上、非常に大きな問題であろう。つまり技術が一定のレベルまで到達した後の、さらなる芸術性の獲得をどう行なっていくかということである。

おもしろい解説がある。外山滋比古の著書『思考の整理学』による学校教育の欠点の説明である。それによると、学校式の教育では、教育を受ける側の学ぼうとする意欲を削いでしまうというのである。学校教育においては、学ぶべき内容がすでに用意されている。「口を開けていればえさを与えてくれる」状況を作り出しているために、自ら学び取ろうとするモチベーションや、身につけるための工夫をしなくなってしまうというのである。また、学生を指導する際に、卒業論文では何をテーマに書けばいいのかわからないという相談を多く受けるというエピソードも紹介されている。大学での学習を終えようとしているのに、自分自身の研究である卒業論文のテーマを見つけることができない学生と、学校式の俳優教育を受けた俳優のレベルアップとは、同じようなものと捉えられはしないだろうか。つまり与えられる学びに慣れた人間が、一歩上の、その俳優にしかできないような芸術性を獲得するためには、主体的に学ぶ必要があるという点に、共通するものがあるように思われる。

　一方、座・高円寺／劇場創造アカデミーが採用している学び方は、個による個の学習である。これは、日本の演劇界が、主に劇団単位で演劇作りをしてきて、その中で俳優を育ててきた手法に基づいている。

　これまでの演劇の歴史からも見られるように、日本の演劇は劇団という集団の力が非常に強い。特に60年代以降の日本の劇団では、往々にして演出と劇作を同じ人物が担い、その人物の作る作品や演出の方針に合うように俳優に稽古をつけていった。もし演出家と劇作家が別であれば違うのかもしれないが、多くはこの2つを1人が兼ねるために、演出家の意向は俳優にとって非常に大きく、上下関係が明確なものになる。演出家の個性によっては、演出家と俳優の関係が等しい時も当然あるのだが、多くは上下関係があった上で稽古が行なわれる。60年代の劇団に限らず、日本で演劇が行なわれるようになった最初期の劇団においても、劇団の創設メンバーを頂点とした圧倒的なヒエラルキーが見える。

　演劇集団としての劇団という閉じられた社会の中で、強力な力を持っている演出家兼劇作家がいて、その方針の下で作品づくりが行なわれるという構図は、日本の芸事の学びの形とよく似ている。つまり、師匠と呼ばれるリーダーがいて、その人の元で「稽古」という学習の場を通じて芸術活動を行なっていくという構図である。

このような学びの形については第4章で詳述するが、学校のように勉強しなさいと言われて学ぶ受身の学習ではなく、師匠のお手本や芸を見て模倣することや、師匠と共にいることを通じて、言葉では説明できない、間や空気のようなものを察し、自分の中に落とし込むという主体的な学び方が、日本の伝統的な芸術の学びの態度である。劇場創造アカデミーでは、この学びの構図を活用して、全体の均一な成長ではなく、個々人が自らの理解で成長していく手法を取り入れていた。

また、60年代以降の日本の演劇では、俳優の身体、俳優そのものを活かしていく傾向が強まった。作品に登場するキャラクターを、演じる俳優本人に合わせて書く、「あて書き」という手法にも見られるように、一緒に作品を作る仲間である俳優の個性を活かして、創作を行なうこともある。そのため、劇場創造アカデミーの佐藤氏の話を例にすると、俳優の言葉の訛りを取ってしまうのではなく、あえて訛りをもったキャラクターを創造することで、作品に活かすことができるのだ。その意味でも、均一的な教育ではなく個に応じた学習を提供していることには意義がある。

このように、劇場創造アカデミーでの学び方は、日本が行なってきた芸術の学びの形を継承し、現在の演劇界の現場が大切にするような個の重要性に着目した学習方法である。新国立劇場演劇研修所は、西欧の芸術教育法である段階的な学校式の学び方を取り入れているのとは対象的で、かつ決定的な違いである。

もちろん、このような学びの形の違いだけでなく、教えられる内容も異なっている。新国立劇場演劇研修所は、スタニスラフスキーの「システム」に基づいた技術を身につけるカリキュラムを持っている。一方の劇場創造アカデミーは、演出家と行なう実践の中で俳優自ら、自分にしかできない技術を習得していくカリキュラムである。

俳優としての一定の技術を身につけて、俳優全体のレベル底上げにつなげたいという新国立劇場演劇研修所と、俳優一人ひとりが自らの力で今後も劇場で生きていくための技術を提供する劇場創造アカデミーは、この点においても対照的である。

新国立劇場演劇研修所との差異について、劇場創造アカデミーの佐藤信氏は、言語芸術である演劇が日本語でスタニスラフスキーの「システム」を扱えるのかどうか、演技をしていないということを示すために演技するという、「システム」への疑問は持ちつつ、新国立劇場演劇研修所は俳優教育の本流としてあり続けてほしいと考えているのだそうだ。本流にあるものに対して、地域の公共劇場にある俳優教育機関が何をやっていくかを考えるのだという。本流が本流として存在していないと新しいものは生まれない。俳優教育においても、新劇がお手本にしてきたスタニスラフスキーの「システム」という体系的な演技を教える欧米の学校式の「教育」と、日本に元々あった自ら学び取る「個の学習」と非常に明確な関係性が成立していることがわかるのである。

第４章

教わらない俳優たち
──教えるシステム、学ぶ芸とワザ

■俳優の視点から見た学び方

第3章で挙げた2つの劇場における人材育成としての俳優教育は、それぞれの立場を明らかにしながらカリキュラムを徹底的に作り込んでいる。どちらを選ぶかは、学ぼうとする俳優自身が選ぶことであるが、さて、ここで最初の疑問に戻ってみよう。

なぜ日本の小劇場を中心に活動する俳優は、俳優教育を受けないのか。ここまでのカリキュラムをそろえている俳優教育機関があるにもかかわらず、冒頭の調査のように、その重要性を理解しつつも「俳優教育機関で学ぼうとは思わなかった」、「俳優教育に時間とお金を使うよりは、実践で学んだ方がいい」と思うのか。また、芸団協の調査のように「誰かが外国からの訓練法を持ってくればやると思う」というような意見が出るのか。

俳優教育機関そのものへの無関心もあるし、数が多すぎてわからないということも理解はできるが、学習の提供側（俳優教育機関）と受け手（俳優）との間に圧倒的なまでの温度差がある。これは何が起因しているのか。

今度は、学習の受け手の視点からこの問題を考えてみたい。

■「見て学ぶ」模倣を通じた個による学習法――状況学習論の強み

第1章や第2章で俳優の演技の展開や、俳優教育機関の歴史から見てきたように、日本の俳優たちは歴史的に見ても、体系的な俳優教育を十分に受けてきたわけではなかった。スタニスラフスキーの「システム」を取り入れようとはした。しかし本当の意味で、リアリズムの演技を学ぶために教育という仕組みに基づいた俳優教育を行なうのは、新国立劇場演劇研修所がはじめてである。

それでは俳優自身はどのように俳優の技術を身につけてきたのだろうか。このことを、歌舞伎における俳優の学び方に例をとって考えてみよう。

歌舞伎は、今でいう「演劇」が入ってくる以前の同時代演劇、エンターテインメントとして行なわれてきた。明治時代に演劇が入ってくる前までの、庶民の触れることができる唯一の演劇、つまりスタンダードな演劇であっただけに、歌舞伎の存在は非常に大きく、日本人にとっての演劇の基準であったことは明らかである。明治の演劇人たちが、近代演劇をはじめるときに、歌舞伎の影響を強く受けていたことはすでに触れたとおりである。当初、さほど重要視されてこなかった俳優の演技は、連綿と続いてきた歌舞伎に当てはめられて考えられた。つまり、演劇における俳優の技術の学び方も、歌舞伎における技術の学び方がその土台とされたのではないかと推測ができる。

歌舞伎の演技は、「型」の演技である。型の定義は、非常に難しく語りきれないものだが、ここでは歌舞伎における舞台上の演技という視座で、型を捉えることにする。

型による演技とは、すでに定められているその場、その状況における表現＝演技であり、俳優は定められているその型をなぞり、次の世代に受け継いでいくものである。俳優によって新たな演技が作られることはあっても、基本的にはそれを受け継いでいく。継承した俳優によってさらなる独自の変化をつけていくことはあるが、それも次の俳優がなぞって受け継いでいく。

また、歌舞伎の演技は、心理的リアリズムの演技とは全く異なり、俳優の所作、動き、台詞回しといった、俳優の身体によって感情を表現する演技でもある。つまり、型によって感情の動きを表現するのである。

身体によって表現されるものは、学び取るときもまた、身体に依拠した方法で行なわれた。伝える師匠や兄弟子などの演技や型を「見て」、その後に自分の肉体でもって「真似る」。伝える側も再度演じられた内容を見て、修正点を伝えていく。このような学習にあたって、わが国では型を生み出すための理論などを分析し、ましてや大勢がその技術を身につけることができるような訓練法にまで昇華させることは行なわれてはこなかった。型のような「芸やワザ」は限られた人にのみ継承されるもので、文章化させたりするよりは、非常に肉体的、感覚的な方法で身につけられてきた。

日本の俳優にとっては、この身体に基づいた演技の身に付け方が強く作用している。河竹登志夫は著書「歌舞伎」の中で、この学び方を「肉体的伝承」と呼び、歌舞伎の型を肉体的伝承によって次の俳優が学び身につけていくという学びの方法は、日本演劇全体にも通じる学び方の特徴だと述べている。

しかし、さらに言うと日本の伝統的な演劇だけでなく、その他の技術の伝承においてもこのような学び方を見ることができる。大工、とび職、料理人など、徒弟制度によって教育が行なわれる世界をはじめ、武道そしてもちろん芸道においても、「見て学ぶ」という動作に基づく、「肉体的伝承」が行なわれることによって、技術が受け継がれてきた。

このように、「教育」というシステムではなく「教わる」ということがなくても、学習者が置かれた環境の中から、「見て学ぶ」という模倣の学習を通じて自ら学び取ることで技術を身につけてきたのである。

ここで思い返してほしいのだが、座・高円寺／劇場創造アカデミーにおいては、演技とは「個の学び」によって身につけるものと考えて俳優教育を行なっていた。学びへのモチベーションや学び方そのものも、個人に拠るところが大きいからである。だからこそ、俳優の個に向き合うことで、その個性を活かし伸ばすことができるのだということだった。劇場創造アカデミーは教育機関として俳優教育を行なっているので、必ずしも徒弟制度や肉体的伝承が行なわれているわけではないが、技術を身につけることとは個に寄り添って行なわれるものという方針には、この伝統的な学習方法が作用していたことがわかる。

そして、「見て学ぶ」という模倣の学習を通じて自ら学び取る学習を通じて、ひとを育てるという考え方は、教育学の中では状況学習と呼ばれている。学校教育とは一線を画すものの、状況学習での学び方は一定の成果を得ることができる。日本では、伝統的にこの手段でひとづくりが行なわれてきたが、「教育制度」ができ上がった今、それは正式な学習として認められてはいない。ところが海外でも、この学習の有効性は認められている。例えばブリジット・ジョーダンによる著書『助産の文化人類学』では、マヤ族の少女が見習い助産婦として、母や祖母の手助けをする経験の中で学習していく事例を元に、伝統的な経験による学習、徒弟制度による学習の有効性が検証されている。

日本においては、生田久美子の著書『「わざ」から知る』において、芸道における状況学習の重要性が指摘されている。そして、状況学習＝「見て学ぶ」という模倣の学び方について詳しく説明しているので、その内容を引用しながら、芸道、今でいうおけいこ事、習い事における状況学習について考えてみる。

芸道、そしておけいこ事では、お師匠さん（先生と呼ばれる）がいて弟子（生徒と呼ばれる）がいる師弟関係の中で、「芸やワザ」の学びが行なわれている。このような学びにおいては、口伝で伝えられるものも多く教科書もない場合もあり、明確な学習のレベルも設けられず、評価基準も不明確である。師匠がダメと言えば絶対的にダメであり、何でこれが失格なのだろう、と思いながらもう一度チャレンジしていくこともあるだろう。しかし、生田氏によると、この学習の非透明性こそが、学習者の探究を持続させるという。なぜダメなのか、どうしたら認めてもらえるのか、これを学習者本人が常に考え、自発的に努力していくことによって、上達を目指すことになる。

また、このような学びの中では、直接的な「芸やワザ」の伝承の場である稽古以外の日常の時間も、同様に重要である。師や兄弟弟子たちから、日常から見たり感じたりする様々なものを盗んで成長する。盗もうとするモチベーションは、学習者のハングリーさに基づき、それによって自主的な学習が成立する。師匠と同じ空間で生活することや、あるいは一緒に行動することを通じて、言葉では説明できないような、師匠が醸しだす細かな印象や雰囲気をくみ取り、習得する。

現代の習い事のレッスンのように、決められた時間に学習するのではなく、どこからどこまでが稽古かどうかもわからないような生活の中で、技術だけではなく稽古の時間以外で見られる「空気」のようなもの、クセのようなものまで身につけることによって、「芸やワザ」を受け継ぐこともある。

また稽古中は、その当事者間でしかわからない言葉や身振りによって示されるものから学び取る。師である伝え手が語りかけをするときには、具体的で客観的な言葉を用いず、その世界独特の言葉回しで語ることが、「芸やワザ」を受け継ぐことにおいては有効であるという。五感を研ぎ澄ませ、過去のお手本を見て真似をし、それに対して修正を加えていく。そしてそれを反復することによって身体にしみこませていくのだ。

河竹登志夫の指摘するとおり、演劇という分野においても、この状況学習による学びの手法が利用され、最初期の挑戦者たちから現在に至るまで、俳優たちはこの方法で自身の技術を身につけていると考えることができるのである。川上音二郎の一座も、海外に興業に行って「見た」ものを模倣しているし、文芸協会の島村抱月も、海外に出て見たものを学び取り入れていった。スタニスラフスキー本人と会うことができた小山内薫も、スタニスラフスキーの作品を見て、詳細なメモを取ってそれを持ち帰るだけだった。平田オリザは、著作『演劇のことば』の中で、これを「印象の移入」と呼び、日本古来の芸能の、「『型』から入るという習慣が無意識に働いた」と指摘している。リアリズムの演技を、教育によってではなく、それまでの社会に当然のようにあった「芸やワザ」の身につけ方と同じ方法で習得しようとしていた。教育という枠組みの中で、俳優が技術を身に付ける環境が整ったのは、２００５年開設の新国立劇場演劇研修所がわが国でははじめてなのである。それまでは、結局のところ俳優たちは古来の「見て学ぶ」模倣の学習法によって、演技を身につけてきた。

そして、今も俳優たちは「見て学ぶ」模倣の学習法で、自ら「芸やワザ」を身に付けているのである。冒頭で、俳優たちが「俳優としての学習は自分でするもの」、「実践の中で学んでしまった方が早い」と感じていることを示したが、なんのことはない、これまでの俳優たちが行なってきたのと同様の方法を踏襲し、直感的に古くからの「芸やワザ」の身に付け方、つまり「見て学ぶ」模倣の学習法を当てはめようとしているに過ぎない。そして同時に、この学び方の有効性も体感しているに違いない。

日本の俳優たちは、確かに教わってはいない。しかし学ぶ環境を無意識にも見出し、自ら学び取ることによって「芸やワザ」を習得しているのである。

■俳優の個性と日本の観劇習慣

それともう1点自ら学び、「芸やワザ」を身に付ける学習が有効に働いているという理由がある。それは、俳優の個性と日本の観劇習慣にまつわるものである。

俳優の個性が、日本の演劇づくりにおいて、非常に重視されているファクターの1つであることはすでに触れた。しかしそれは、演劇の作り手側だけに限ったことではない。観客の側も非常に大事に思い、作品や俳優を見るモチベーションにつながっているものなのである。

私たち日本人は、俳優それぞれの「味」を見て楽しむことを好んでいる。私たちの観劇の動機は、俳優を観に行くことが重要な割合を占めることが多いのではないか。つまり、演劇作品を観に行きたいから劇場に行くというよりも、○○という俳優が出るお芝居だから観に行く、というような具合である。江戸時代の歌舞伎役者の人気は、様々な資料で残っていることからもよくわかる。それは今の時代も同様なのである。ちなみに俳優だけでなく、劇作家や演出家の「味」を観に行くということもあるだろう。○○が作、演出した作品だから観に行くというようなものだ。とにかく、「人」が原動力になって演劇を観に行く習慣が、わが国には脈々と存在しているのである。

例をあげると、宝塚歌劇団では、看板トップスターである所属俳優たちの人気が劇団を支えている。むしろ、トップスターたちの魅力を引き立たせるために、原案となった作品の筋書きすら変えてしまうこともある。海外では、文学として芸術作品にまでなっている戯曲を変えることは基本的にタブーであるにもかかわらず、日本ではスターを優先させるほど、俳優に対して柔軟なのである。もっと言えば、日本人はアイドルが大好きである。グループの場合であっても、「推しメン」としてお気に入りを熱心に応援する。アイドルに熱狂するさまもまた、特定の「人」に興味を持ち支えようとする、私たち日本人の特性というものを知ることができる。商業演劇は、興業収入をあげるために売れっ子を舞台に立たせるという手法を用いる。これ自体は日本に限ったことではないが、演技経験の未熟なアイドルや人気タレントを主役に据えることがあるのは、私たちの特性に基づくものなのであろう。もちろん、映画やテレビドラマも同様である。

俳優を受け入れる社会が、とりわけ俳優の個性を重要視するのであれば、俳優の育て方としてもそれを育み、活かす方法論が求められる。

段階的な学校式の教育は、マスの対象に同一のことを学習させることには非常に効果があることは、すでに述べた。その反面、どうしても画一的な技術を教えることになる。例えば、水泳でクロールを教えると、全員同じ形で泳ぐことになる。クロールを習う前に、その人にしかできない新しい泳法を身につけていて、それが記録を出す可能性のあるものだったとしても、それは誤ったものだとして修正し、新しい泳法がめったに発展していくことはない。

一方で伝統的に「芸やワザ」の学び方として取り入れてきた「見て学ぶ」模倣の学び方は、当然型を真似ることからはじめるので、同じものをコピーしようとする。ところが、そもそも師匠の型は、「師匠が自分のものにしていった型」であり、すでに「芸やワザ」が昇華された結果として型になったものである。それを引き継ぐといっても、完全なコピーにはなり得ないのである。受け継ぐ側は、個性を加味し、先人から受け継がれたものを、自分自身の型として身につけなければならない。そのため同じ型であっても、学ぶ人によってそれぞれの「味」というものが出ることになり、観客からの評価とともに、その人特有の「芸やワザ」になっていくのである。正答か誤答かがはっきりしていて、修正がしやすい学校式の教育とそこが大きな違いである。

つまり、「見て学ぶ」模倣の学びは、単に日本の伝統的な「芸やワザ」の修得法だから、今の俳優たちも行なっているというだけでなく、俳優を受け入れる社会状況的にも非常に適した方法だと言うことができるのだ。

私たちは、自分の気に入った俳優、もしくは劇作家や演出家の個性を感じることのできる作品を観に行きたいと思う。もちろんうまい俳優が出ている作品を見たい。しかし、「おもしろい」俳優、「おもしろい」演出のついた、「おもしろい」作品をこそ、わざわざ観に行くのだ。だから俳優自身はもちろん、演出家や劇作家たちも、俳優の際立つ個性を要求する。個性を活かし伸ばす日本の伝統的な「芸とワザ」の学習法は、それらの要求に合うためにごくごく自然に用いられている学習法なのである。

■ギャップを埋める学びの形――公共劇場への期待

このように今の俳優たちの、「俳優教育はいらない」という主張には、実はそれだけの裏づけがあるのだと考える。日本の俳優は、無意識か意識的か、自ら「芸やワザ」を取得する方法を知っている。また観客が求める俳優のあり方も十分知っている。そして俳優が所属する劇団という組織、劇団を牽引する立場である演出家（劇作家の場合も多い）も、そのような俳優の性質を感じ取り、肌で感じながら活動を行なっている。これだけを考えると、やはり今の俳優たちに時間とお金をかけて俳優教育を受けにいかせることは難しい。冒頭のようにいくらこの状況を問題だと叫んだところで、変わることはないだろう。

しかし、俳優教育機関が非常に多く乱立する現実は残るし、一方で俳優たちも、俳優教育には縁遠くはあるが、決して教育や学びが不要だと考えているわけではない。だとすれば、今後日本の俳優教育のあり方としては、どのような形が求められていくだろうか。俳優と俳優教育機関との双方のギャップを埋めるためには、どのような俳優教育の形が求められるだろうか。「見て学ぶ」

模倣の学習を現在の演劇にあてはめたときの欠点について触れながら検討してみたい。

俳優たちは自分たちで学び、技術を身につけることはできる。ところが、自分でやっている方法は果たして広い基準で見たときにどうなのか、そしてもっとよくなるためにはどうしたらいいのか、不安や疑問に思うこともある。しかしそのようなとき、答えを求めに行く場所がない。なぜなら、自分のいる劇団やユニットの中、あるいは実践で「見て学ぶ」ことはできるかもしれないが、その世界だけの基準しか判断することができないからである。時には外部のワークショップなどに行くこともあるかもしれないが、困ったときに気軽に聞きにいけるような利便性のあるものではない。

これが、「見て学ぶ」模倣の学習を、現在の演劇の世界に当てはめたときの限界である。状況学習に基づく学習は、閉じられた世界の中で一定の技術を身につけることには、非常に効果のある学び方である。しかしながら、現在の俳優を取り巻く演劇の世界は多様化している。自分や周囲の劇団だけで完結するような世界ではない。有名になるために、経験したことのないような芸術性をもつ劇団や、テレビや映画、声優やミュージカルなど、チャンスがあれば何でもこなす必要が出てくる。「見て学ぶ」模倣の学び方の欠点を補完することが、現状にあった俳優教育の形を考えるのに重要なポイントであると考える。

それを踏まえたときに、まずこれからの俳優教育機関の担い手として期待できるものは何か。それは、公共劇場における人材育成事業だと考える。

劇団に付属する養成所は、今後、新しく設置されることはあまりないだろうということは先にも述べた。劇団という単位で演劇活動が行なわれることの多い日本で、劇団内で次の世代を育てていくということは重要である。それでも上演形態が多様化するにあたって、養成所という時間も労力もお金もかかる事業を、中小規模の劇団が担うことは難しい。今ある劇団の養成所から数が伸びていくことは考えづらい。

また、大学や専門学校も、少子化による人口減少が叫ばれる中、新たに俳優教育を行なう学科やコースを新設する可能性も高くはない。日本ではじめて高等学校において正課として演劇を教育に取り入れた関東国際高等学校の演劇科も、ついに学生の募集を停止してしまった。大学や専門学校も他人事ではない。

それに対し、劇場での人材育成事業の可能性は、第２章で述べたように、指定管理者制度のもとで文化施設のソフトパワーが期待される中、十分ありうることである。また、新国立劇場や座・高円寺、その他全国の劇場での先進的なノウハウを参考にしていくことができれば、全国にある劇場で演劇の人材育成が可能になる。演劇が東京一極集中となっている現状への対策にもなりうる。

公共劇場がどのような方針で人材育成事業を行なっていくかは、その劇場の芸術性に任されることであろう。ただ、非常に有効な参考事例となるのは、座・高円寺の劇場創造アカデミーのモデルである。劇場創造アカデミーの俳優教育は、個による個の学習を提供しているが、「見て学ぶ」模倣の学習が、学びのスタイルとして今も色濃く残っている今の俳優のたちにとって共鳴するものであり、個性を活かし伸ばすという日本の演劇界の要求にも合致する部分が多い。日本の「芸やワザ」の学び方の特殊性を踏まえ、社会に求められているような俳優を育てるカリキュラムを持つ俳優教育機関であることは、十分参考となり得るモデルである。現在の俳優たちや、演劇の求める俳優のあり方に寄り添う学びを提供しているということが学び手に伝われば、俳優教育機関に入って勉強することへのハードルを下げることに繋がるのではないだろうか。

さらに、地域の公共劇場における人材育成は、俳優たちの自らの学習の欠点を補完する存在になり得る可能性も秘めている。なぜならその地域にいる俳優、さらに俳優が所属している劇団が何か迷い困ったときに、地域の公共劇場であれば、いつも開かれてそこにあることができるからである。

知識がほしくなったら図書館に行くように、ふらっと劇場と劇場での学びの場にヒントを探りに行く構図が理想である。それが、「学校」ではなく、自分たちの活動の拠点に学びを求めてきた俳優たちへの学習の場、つまり「学び舎（まなびや）」になるのではないかと考える。

そのためには、新国立劇場や座・高円寺で今、行なわれているような中長期的な俳優教育の一方で、短期間で行なうワークショップのような機会を恒常的に設けることによって、学びたいと思い立った俳優たちが刺激を受けて戻っていく仕組みを作ればいい。長期間教育を受けに行くことはためらうが、俳優としての技術を少し学びたいと感じる俳優に対しては、数年を必要とする俳優教育機関である必要はないからである。短期間、自分の劇団の演出家以外に見てもらう機会を設けることで、少しずつでも技術を高めることが期待できる。そしてもし、きちんと俳優教育を受けたいと思った場合は、正規の教育プログラムに参加すればいい。

また、地域の劇場では舞台はもちろん、リハーサルスペースなど、空いている空間もある。慢性的な稽古場不足に悩む劇団たちが、気軽に出入りすることで交流が増えれば、公共劇場の活性化にも一役買うことができる利点もある。

それからもう1つの提案として、俳優教育機関での人材育成事業を、演出家あるいは演出家兼劇作家に対しても積極的に広げることを挙げたい。

俳優を導くため、そして劇団を率いるためにも、演出家の存在は非常に重要なものである。劇場創造アカデミーのカリキュラムは、「見ることが仕事である演出家が、俳優を見る」ことによって俳優教育を行なっていく。自身も演出家兼劇作家であり、劇団を主宰する平田オリザも、インタビューの中で俳優トレーニングよりも演出家の指導による俳優教育の有益性を、次のように述べている。少し長いが引用してみよう。

「平田：(略) ある時期、それをなんかこう細分化して訓練方法を考えようかと思ったこともあったんですけど、やっぱりどうもだめで、結局いま大学で教えてても、僕1年生の前期しか授業ないんですよ、基本的には。あと2年生以降は戯曲とか演出とか、あと、アートマネジメントの講座しか持ってなくて、教えることあまりないんですよ。あとは実践でやるしかないっていう感じで。やりたい子がオーディションを受けて、学内でもオーディションがあるんで、それで出るんです。だからかわいそうといえばかわいそう。だけど教えることは何もないんで、授業で。
後安：そうそう、ニューヨークのアクターズ・スクールでは、いろいろ俳優の演技を開発するための授業があるみたいなんですけど……。
平田：ああ、ああ、それでも、まあ開発できないことはないけど、やった気になるだけだからね(笑)。うまくはならないよね、役者は。役者はうまくならない。

後安：え、それはどうしてですか？
平田：役者っていうのは、だって才能が８割ぐらいだから。あとは、いや、２歳とかからやれば別だよ。だからそのうちそうなるんじゃないの？　ピアノやヴァイオリンと同じようにやらなきゃだめだ。だから今天才と言われている役者さんは何か代わりのことを３〜４歳のころからやってたんだよ。別人格を演じてたりしてた。
後安：そうすると大人になってからいろいろ教え込んだからといって、うまくはならない。
平田：うん、だめな人はだめ（笑）。
後安：うわー、厳しい。成長の余地なしなんですか。
平田：だから、いやいや、一定の確率で才能のある人がいるから、その人は、いい演出家と出会わないと才能が開花しないから、いまできることは、出会う機会を増やしていく。確率の問題だから。
後安：いい演出家にあたらないと。
平田：そりゃもう絶対にそう。俳優は、かわいそうだよ。」

――「コーディネーションの分析演劇と同時多発会話　劇的時間の作られ方」後安美紀

いい俳優を育てるためには「いい演出家」が必要であるという。佐藤氏の劇場創造アカデミーでは、演出家を対象としたプログラムが組まれているのだが、俳優教育と並行して「いい演出家」を育成していかなければいけないということを、佐藤氏だけでなく、平田オリザも認めているのである。

それでは演出家の教育はどうしたらいいのかということはまた別の課題となるが、ただ演出家もまた様々なトレーニングによって積み上げていくよりも、いい演出家が演出する作品を見ることや、稽古に同席することによる学び、そして自身の経験によって成長することになるだろう。しかしそのような機会は、1人の力では俳優以上になかなか実現しにくい。それを、公共劇場による人材育成事業の中に組み込んでいくことで、演出家そして俳優の成長という両方を叶えることができるのではないだろうか。これもまた中長期的な教育だけでなく、ふと学びたいと思ったときに駆け込めるような単発のワークショップも同時に開催することが望ましい。

地域の劇場が人材育成事業を行ない、その地域に拠点を持つ劇団の教育を担う場所として、学校ではなく「学び舎（まなびや）」の役割を果たすためには、人材育成事業を行なうための多大な準備が必要になる。しかしそれは、同時に劇場の芸術性の確立につながる。文化施設のソフト充実を図ることは社会に求められていることでもあり、社会からの要請にも応えることも可能になる。

地域の俳優、劇団が育ち、そして地域の劇場も育つ。この循環が、日本の演劇全体の成長を生み出しうると考える。

おわりに

教わらない「芸とワザ」の
学び方によるひとづくり

■教わらない方法によるひとづくり

本書では、現代の日本の俳優教育をテーマに、なぜ日本の俳優たちは教育と距離を置いているのかということを、教える側（俳優教育機関）と教わる側（俳優）の双方を分析することによって検討してきた。そのことによって、学校式の教育に対して、古くから取り入れられてきた「見て学ぶ」模倣の学習という、学び方の方法論についても考察を広げた。日本の俳優たちは、教育を受けることではなく、「見て学ぶ」模倣の学びによって、自ら「芸とワザ」を身につけていた。一方で、現在の日本の演劇を取り巻く環境の中で存在する、「見て学ぶ」模倣の学習の限界を指摘して、今補うべき俳優教育の形も提案した。

そこで最後に、「俳優に俳優教育は必要ないのではないか」という俳優たちの声に向き合ってみたい。

答えは「必要です」である。もし俳優になりたい人から同じように質問を受けたら、そのように答えるだろう。

日本には、俳優教育のスタンダードはない。その代わり、日本には日本独自の「芸やワザ」の学び方、つまり状況学習による学習が伝統的に、そして根強く存在している。観客や演劇界が求める個性ある俳優も、この学び方に合う形で存在している。だから教育という仕組みの中に入らず、自ら学んでいく方法は決して間違ってはいないし、効果もあるだろう。歴史的にもできあがっている、このようなかたちなき学びに対しては、冒頭で紹介した芸団協の調査結果にあるような、「海外からの俳優教育術を輸入すれば、誰かがやるのではないか」というようなお手軽な解決法を提示しても浸透はしないだろう。

しかしやはり自力だけでは限界がある。

俳優トレーニングは、俳優としての筋肉をつけるためのものである。漠然と稽古場に行って、ストレッチをし、発声練習をして、なんとなくトレーニングをこなすだけでは筋肉はつかない。筋肉がなければ、「見て学ぶ」模倣の学習をしようにも、俳優としてのしなやかさ、動きの可能性が狭まれることになる。筋肉の柔軟性がないまま、バレエを踊ろうとしても無理があるのと同じである。

特に、日本の伝統的な学習の方法は、先にも挙げた「肉体的伝承」と呼ばれるように、身体が重視される。型の受け入れ先である身体が不十分では、いかにいい演技を観て実践しようにも、それは実行に移すことができない。演出家がいかにいいアドバイスをしても吸収することもできない。

身体だけ訓練すればいいというわけではない。当然ながら演劇に関する知識、俳優の技術に関する知識がなければ、さらなる上達も見出すことができないだろう。自分がどのような技術を必要としているのかを考えるのにも、学ぼうとする技術はどこで盗むことができるのかを考えるためにも、知識が必要である。また、自分が演じる作品を理解し、深く読み込む力も必要である。新国立劇場演劇研修所でもいわれていたように、演出家と対話ができる力を持つべきだが、それには俳優自身の作品や演技を考える力、それを言葉にして主張する力、対話の結果を理解して自分にフィードバックする力がなければならない。

俳優自身の高い学習意欲があれば自力で勉強できない訳ではない。しかし、さまざまな講師から効率的に知識を授けてもらう機会としては、俳優教育の場は強力な存在である。

そして、自ら「見て学ぶ」模倣の学習だけに頼るには、今の演劇の世界は複雑になりすぎている。多様な世界に出ていこうとしない限り、身につけることのできる技術は狭くなってしまう。自分たちの劇団以外の俳優たちと出会い、普段出会うことができないような演出家と向き合うことのできるチャンスがあれば、どんどん受けていくべきである。俳優教育機関での人との出会いは、俳優としての幅を広げることにも繋がるのである。

どの俳優教育機関を選ぶかは、本人が決めればいい。それぞれの俳優教育機関には、それぞれ独自の芸術性に基づいたカリキュラムが組まれている。だから、俳優教育がいらないというわけではない。

このような技術習得の状況は、俳優教育に限ったことではない。教育のシステムが整った美術や音楽においても、状況学習による学習は存在し、またその効果も示されている。さらには、芸術の分野に限らず、ひとづくり全般に対しても状況学習の有効性は適用されることである。ひとづくりに取り組むとき、学習者が環境の中から自ら学びとる学びの方法は、「教育」の枠外にあっても有効な学びの形であるという認識は必要であろう。教育システムに則って技術を学ぶことが当たり前の世界であればあるほど、古くからある教育として扱われない学びの形は見直す価値がある。もしかしたらすでに整った教育システムの中にも「見て学ぶ」模倣の学習は見え隠れしているのかもしれない。この追求は、また別の機会に回したい。

■若すぎる日本演劇

話を俳優に戻そう。

俳優と教育の間の隔たりには、もう1つ問題が残されている。俳優というひとづくりは、俳優や演出家といった当事者だけの問題ではないのだが、俳優の技術や育成に対して、観客や社会全体の持つ知識・関心が少なすぎるきらいがある。その背景には、俳優の技術というものは教育によって身につけるものではなく、俳優個人に委ねる問題だという認識が私たちの中にあるのかもしれない。俳優の技術というものは、その世界の中だけでわかっていればいいとも考えられているのかもしれない。この認識は、技術が閉じられた世界の中で伝えられるものだという、「芸やワザ」の身に付け方に関する欠点の1つである可能性がある。

しかし当たり前のことながら、俳優というひとづくりが行き届くことは、俳優全体のレベルアップに必要なことである。俳優へのアクセスが簡単な日本において、レベルの高い俳優が増えれば、質の高い演劇作品を簡単に見ることができる。同時に、素晴らしい俳優を観に行こうとする観客の数も増え、観客の作品を見る目も豊かになるだろう。演劇を取り巻く社会、私たち自身も正しい俳優の技術や学び方についての知識と関心を持ち、俳優教育を当事者だけに任せず、積極的に関わっていくことが必要である。

そして、実践の場だけでなく、研究の分野でも俳優教育や俳優の技術、演技論などの分析が行なわれ、現場の後押しをしていく準備ができるようになってほしい。演劇研究において、今この時代の演劇の現場に関する研究は、まだまだ少ないからである。混沌としている現在の演劇界を研究するのは、確かに根気もいる難しい作業だが、実際その必要は十二分にある。

平田オリザは、著書『演劇のことば』の中で、「日本の演劇は、なんとまだ若いのだろう」と述べている。全くその通りである。しかし時間のスパンという意味での若さに対して、演劇の中で重要な要素を担う俳優という存在が、いつまでも若く未熟であってはならない。わが国の俳優、そして演劇がより成熟していくための手段をそろそろ本格的に講じなくてはならない。

あとがき

本書の冒頭、舞台に立つ俳優に必要な技術とは何か、それを身につけるためにはどうしたらいいのか、という疑問を書いたが、これは自分自身の疑問でもある。

この疑問のほかにも、「演技のうまい、下手はどのように判断しているのか」、「ちょっと前まで台詞を棒読みしていた俳優が久しぶりに見たらうまくなっていたが、何があったのだろう」というように、とかく演技についてはわからないことだらけだった。

しかし、それはどうやらほかの多くの人にとっても同じように疑問に思っていたようで、正直なところ誰からも納得できるような答えが得られることはなかった。ましてや、舞台に立ち、観客からお金を得て芝居をしている俳優に聞いても、大体変わらない。これはどうしたものだろうか。

かねてより疑問に思っていたところに、論文を書くタイミングと調査をすることのできるタイミングがうまく重なり、俳優はどのように技術を学び取るのかという「俳優教育」をテーマにたどり着いた。そして、現在行なわれている俳優教育の現場を調査することになった。

しかし、今、この時代の演劇について調べることは、覚悟していた以上に難しい。なぜなら、現在の演劇の世界は本当に広く多様になっているため、数限りない現場をフィールドワークで調査しなければならない。特に今現在の俳優の演技に関しては、ほぼ未開拓分野でもある。ひとまず今回取り上げた、2カ所の俳優教育機関と、その他いくつかの現場を見て本書を書き上げた今でも、演技に関して納得してもらえるような答えが用意できるか自信がない。

ただ、調査をし、本としてまとめた今感じることは、私たち（観客）の、俳優を受け入れる懐の豊かさ、おおらかさについてである。俳優が教育を受けていようがいまいが、うまい下手だけで判断することがない。たとえ、演技などしたことがない新人タレント、若いアイドルたち、お笑い芸人であっても応援し、経験を踏んで成長することを見守っている（余談だが、最近の芸人たちの演技は非常にうまい。お笑い芸人の養成機関も調査の対象とすることも必要かもしれない）。

私たちはやはり俳優が大好きなのだろうなと感じる。その反面、俳優に対するおおらかさは、俳優の演技というものを深堀していない、もしくはできない、だから全てを受け入れてしまっていることの表われでもある。そういった意味でも、本書が今この時代の俳優教育研究への第一歩として役立つことができたら幸いである。また、今後俳優の演技について多くの研究がなされ、ご指導を賜れることを願っている。

本書は、２０１１年度に提出した修士論文を加筆、再編したものである。論文作成にあたって、多くの方からインタビューのご協力をいただいた。取材を快く引き受けてくださり、そして多くの貴重なお話を聞かせて下さった俳優の皆様方には、まず心より感謝を申し上げたい。

新国立劇場運営財団、ならびに新国立劇場演劇研修所の皆様には、俳優教育という研究テーマへの着想のきっかけをいただいたばかりか、寛大にも研修所の現場に立ち会わせていただいた。たびたびのインタビュー調査にご協力いただいた、池内美奈子ヘッドコーチをはじめ、財団の皆様、今は研修所を巣立っている修了生たちにも御礼を申し上げる。

また、座・高円寺／劇場創造アカデミーの佐藤信氏には、突然のインタビューを申し出たにもかかわらず、長時間にわたって熱意あふれるお話を聞かせていただいた。非常に貴重な経験をさせていただいたことに対し、感謝したい。

そして論文の書き直しをするにあたり、学習院女子大学大学院 尼ケ崎彬教授には、大学院を修了したにもかかわらず幾度となくご指導を頂いた。改めて御礼を申し上げるとともに、まだまだ未熟な点も多く、今後ともご教示を賜れればと願っている。

なによりこのたび、埋もれていた論文を本として出版するという得難いチャンスを与えてくださった常磐大学の塚原正彦教授に深謝する。

刊行にあたっては、日本地域社会研究所の皆様方には多大なご迷惑をおかけしてしまった。右も左もわからない状態に、辛抱強くおつきあいいただいた落合英秋社長に御礼を申し上げる。
最後に、本書出版にあたりご意見やアドバイスを与えてくださった多くの皆様にこの場を借りて御礼申し上げます。ありがとうございました。

２０１６年４月

北村麻菜

参考文献リスト

【図書】
・生田久美子「認知科学選書11『わざ』から知る」東京大学出版会、1987年
・大笹吉雄a「日本現代演劇史　明治・大正篇」白水社、1985年
・大笹吉雄b「日本現代演劇史　大正・昭和初期篇」白水社、1986年
・大笹吉雄c「日本現代演劇史　昭和・戦後篇1」白水社、1998年
・河竹登志夫「歌舞伎」東京大学出版会、2001年
・栗山民也「演出家の仕事」岩波新書、2007年
・鴻上尚史「演技と演出のレッスン　魅力的な俳優になるために」白水社、2011年
・佐々木敦「即興の解体／懐胎　演奏と演劇のアポリア」青土社、2011年
・後安美紀「コーディネーションの分析演劇と同時多発会話　劇的時間の作られ方」東京大学出版、2006年
・篠崎光正「演技術」晩成書房、1992年
・鈴木忠志a「越境する力」PARCO出版局、1984年

・鈴木忠志ｂ「演劇とは何か」岩波書店、１９８８年
・鈴木忠志ｃ「内角の輪：鈴木忠志演劇論集」而立書房、２００３年
・扇田昭彦「日本の現代演劇」岩波書店、１９８８年
・寺山修司「寺山修司演劇論集」国文社、１９８３年
・外山滋比古「思考の整理学」ちくま文庫、１９８６年
・八田元夫
「演技論史」津上忠、菅井幸雄、香川良成編『演劇論講座 演技論』汐文社、１９７８年
・馬場順「歌舞伎の森」皆美社、２０１０年
・平田オリザａ「平田オリザの仕事１現代口語演劇のために」晩聲社、１９９５年
・平田オリザｂ「演劇入門」講談社、１９９８年
・平田オリザｃ「演劇のことば」岩波書店、２００４年
・広瀬綾子
「演劇教育の理論と実践の研究―自由ヴァルドルフ学校の演劇教育」東信堂、２０１１年
・ジーン・ベネディティ／松本永実子訳「スタニスラフスキー入門」而立書房、２００８年
・ベルトルト・ブレヒト／小宮曠三訳「ブレヒト演劇論」ダヴィット社、１９６３年

・クリスティアン・ビエ、クリストフ・トリオー／佐伯隆幸日本語版監修「演劇学の教科書」国書刊行会、2009年
・レズリー・ダウナー／木村英明訳「マダム貞奴　世界に舞った芸者」集英社、2007年
・アリソン・ホッジ編著／佐藤正紀ほか訳「二十世紀俳優トレーニング」而立書房、2005年
・ブリジット・ジョーダン、ロビー・デービス・フロイド改訂・拡張／宮崎清孝、滝沢美津子訳「助産の文化人類学」日本看護協会出版会、2001年
・リー・ストラスバーグ／米村哲訳「メソードへの道」劇書房、1989年
・チェザーレ・モリナーリ／倉橋健訳「演劇の歴史　上」PARCO出版局、1977年
・チェザーレ・モリナーリ／倉橋健訳「演劇の歴史　下」PARCO出版局、1977年
・リチャード・シェクナー／高橋雄一郎訳「パフォーマンス研究　演劇と文化人類学の出会うところ」人文書院、1998年
・コンスタンティン・スタニスラフスキー／千田是也訳「体験の創造的な過程での自分に対する俳優の仕事　第一部第一巻」理論社、1971年
・コンスタンティン・スタニスラフスキー／千田是也訳「体現の創造的な過程での自分に対する俳優の仕事　第二部第二巻」理論社、1971年

【雑誌・冊子】
・演劇人会議「演劇人」1998年2号
・財団法人新国立劇場運営財団
「我が国における演劇養成機関の在り方について―調査研究報告書」2004年
・日本演劇学会「シンポジウム　大学における演劇教育」『日本演劇学会紀要23』1985年
・日本芸能実演家団体協議会「1、実演家等のキャリアアップに求められていること―グループインタビュー調査」『芸能による豊かな社会づくりのために―提言と具体化への道筋―PARTⅡ』2004年

【論文】
・清水豊子「イギリスの演劇教育の展望―教科としての「ドラマ」の誕生」千葉大学教養学部研究紀要第34巻第1部、1985年
・熊谷保宏「大学における演劇の学び：混雑したディシプリンの交差点をどう見るか」『日本大学芸術学部紀要』32、2000年
・摂津隆信「演劇人ゲーテの〈観客〉観」ワセダブレッター第14号（早稲田大学ドイツ語学・文学会）、2007年

【参考資料リスト】

・早稲田大学演劇博物館のグローバルＣＯＥプログラム、演劇・映像の国際的研究拠点の研究会「舞台芸術と人材育成」、左記３回分配布資料及び映像資料
２０１０年10月８日（金）「舞台芸術と人材育成　桐朋学園芸術短期大学の歴史と現在 vol.2」
２０１０年12月３日（金）「舞台芸術と人材育成」第３回研究会
２０１１年７月12日（火）「舞台芸術と人材育成」

・桜美林大学主催、桜美林大学パフォーミングアーツインスティテュート企画・制作
第６回　座・高円寺／劇場創造アカデミーの実験」
大学間シンポジウム「大学の中の演劇―演劇教育は何をめざすか―」２０１１年12月11日

【参考ＵＲＬリスト】

・新国立劇場ＨＰ　http://www.nntt.jac.go.jp/
・日本芸能実演家団体協議会（芸団協）ＨＰ　http://www.geidankyo.or.jp/
・早稲田大学演劇博物館グローバルＣＯＥプログラム　演劇・映像の国際的研究拠点ＨＰ
http://www.waseda.jp/prj-gcoe-enpaku/

・宝塚音楽学校ＨＰ　http://www.tms.ac.jp/
・宝塚歌劇団ＨＰ　http://kageki.hankyu.co.jp/
・劇団俳優座ＨＰ　http://www.haiyuza.net/
・劇団青年座ＨＰ　http://www.seinenza.com/
・文学座ＨＰ　http://www.bungakuza.com/
・劇団昴ＨＰ　http://www.theatercompany-subaru.com/public.html
・劇団スーパーエキセントリックシアターＨＰ　http://www.set1979.com/index.php
・無名塾ＨＰ　http://www.mumeijuku.net/kouen.html
・劇団四季ＨＰ　http://www.shiki.jp/
・青年団ＨＰ　http://www.seinendan.org/
・桐朋学園芸術短期大学ＨＰ　http://www.toho.ac.jp/college/index.html
・加藤健一事務所　http://homepage2.nifty.com/katoken/
・ハロー・ミュージカルＨＰ　http://hello-musicai.com/
・リクルート進学ネットＨＰ　http://shingakunet.com/net/
・水戸芸術館ＨＰ　http://arttowermito.or.jp/

・静岡舞台芸術センターＨＰ　http://spac.or.jp/index.html
・鳥の劇場ＨＰ　http://www.birdtheatre.org/
・座・高円寺ＨＰ　http://za-koenji.jp/

著者紹介

北村麻菜（きたむら・まな）

1983年、島根県浜田市生まれ。中学生のときに演劇と出会う。

日本女子大学に進学。国際社会福祉を専攻する。卒業後、社会人経験を経て、学習院女子大学大学院に入学。学部時代と180度異なる演劇の研究に飛び込むとともに、社会福祉を学んだ経験から、芸術と社会のつながりを考えるアートマネジメントにも関心を持つ。

2012年、学習院女子大学大学院を首席修了。修了後も研究を続けている。近年では、芸術の力を地域における問題解決に役立てることにも興味を持ち、シンポジウムでの発表なども行なっている。

現代俳優教育論《げんだいはいゆうきょういくろん》　～教《おそ》わらない俳優《はいゆう》たち～

2016年4月21日　第1刷発行

著　者　北村《きたむら》麻《ま》菜《な》
発行者　落合英秋
発行所　株式会社 日本地域社会研究所
〒167-0043　東京都杉並区上荻1-25-1
TEL　(03)5397-1231(代表)
FAX　(03)5397-1237
メールアドレス　tps@n-chiken.com
ホームページ　http://www.n-chiken.com
郵便振替口座　00150-1-41143
印刷所　モリモト印刷株式会社

ISBN978-4-89022-172-1

日本地域社会研究所の好評図書

中村信也・炭焼三太郎監修／ザ・コミュニティ編…地方創生×自然産業の時代！山村が甦る。大地の恵み・四季折々の独特の風味・料理法も多彩な山菜の魅力に迫り、ふるさと自慢の山菜ビジネスの事例を紹介。「山菜検定」付き！

農と食の王国シリーズ

山菜王国 ～おいしい日本菜生ビジネス～

A5判194頁／1852円

高田建司著…心と体のぜい肉をそぎ落とせば、誰でも知的美人になれる。それには日常の心掛けと努力が第一。玉も磨かざれば光なし。いい女になりたい人必読の書！

心身を磨く！美人力レッスン いい女になる78のヒント

46判146頁／1400円

阿部伸一著…学校へ通っていない生徒を学習塾で指導し、保護者をカウンセリングする著者が、これからの可能性を大きく秘めた不登校の子どもたちや、その親たちに送る温かいメッセージ。

不登校、学校へ「行きなさい」という前に ～今、わたしたちにできること～

46判129頁／1360円

木村昭平＝絵と文…活気・元気いっぱいの浅草。雷門の赤いちょうちんの中にすむ不思議な女と、おとうさんをさがすひとりぼっちの男の子の切ない物語。

あさくさのちょうちん

B5判上製32頁／1470円

瀬沼克彰著…「今日用（教養）がない」「今日行く（教育）ところがない」といわないで、生涯学習に積極的に参加しよう。地域の活気・元気づくりの担い手を育て、みんなで明るい未来を拓こう！と呼びかける提言書。

生涯学習まちづくりの人材育成 人こそ最大の地域資源である！

46判329頁／2400円

佐藤竜一著…東北が生んだ天才的詩人・歌人の石川啄木と国民的詩人・童話作家の宮沢賢治。異なる生き方と軌跡、そして共通点を持つふたりの作家を偲ぶ比較人物論！

石川啄木と宮沢賢治の人間学 ビールを飲む啄木×サイダーを飲む賢治

46判173頁／1600円

日本地域社会研究所の好評図書

不登校、ひとりじゃない
決してひとりで悩まないで！

特定非営利活動法人いばしょづくり編…「不登校」は特別なことではない。不登校サポートの現場から生まれた保護者や経験者・本人の体験談や前向きになれる支援者の熱いメッセージ＆ヒント集。

46判247頁／1800円

世界初！ コンピュータウイルスを無力化するプログラム革命（LYEE）
あらゆる電子機器の危機を解放する

根来文生著／関敏夫監修／エコハ出版編…世界的な問題になっているコンピュータウイルスが、なぜ存在するかの原因に迫った40年間の研究成果。根本的な解決策を解き明かす待望の1冊。

A5判200頁／2500円

複雑性マネジメントとイノベーション ～生きとし生ける経営学～

野澤宗二郎著…企業が生き残り成長するには、関係性の深い異分野の動向と先進的成果を貪欲に吸収し、社会的ニーズに迅速に対処できる革新的仕組みづくりをめざすことだ。次なるビジネスモデル構築のための必読書。

46判254頁／1852円

国際結婚の社会学
アメリカ人妻の「鏡」に映った日本

三浦清一郎著…国際結婚は個人同士の結婚であると同時に、ふたりを育てた異なった文化間の「擦り合わせ」でもある。アメリカ人妻の言動が映し出す日本文化の特性を論じ、あわせて著者が垣間見たアメリカ文化を分析した話題の書。

46判170頁／1528円

農と食の王国シリーズ

柿の王国 ～信州・市田の干し柿のふるさと～

鈴木克也著／エコハ出版編…「市田の干し柿」は南信州の恵まれた自然・風土の中で育ち、日本の代表的な地域ブランドだ。「農と食の王国シリーズ」第一弾！

A5判114頁／1250円

超やさしい吹奏楽
ようこそ！ブラバンの世界へ

小髙臣彦著…吹奏楽の基礎知識から、楽器、運指、指揮法、移調…まで。イラスト付きでわかりやすくていねいに解説。吹奏楽を始める人、楽しむ人にうってつけの1冊！

A5判177頁／1800円

日本地域社会研究所の好評図書

三浦清一郎著…教育学の立場から精神医学の「新型うつ病」に異を唱え、クスリもカウンセリングも効かない「心の危機」を回避する方法をわかりやすく説き明かす。患者とその家族、学校教育の関係者など必読の書！

「心の危機」の処方箋

「新型うつ病」を克服するチカラ

４６判１３８頁／１４００円

炭焼三太郎編著…昔懐かしい日本のふるさとの原形、人間と自然が織りなす暮らしの原景（モデル）が残る里山。里山資本主義の時代の新しい生き方を探る地域おこし・人生強化書！男のロマン〝山村ユートピア〟づくりを提唱する話題の書。

里山エコトピア

理想郷づくりの絵物語！

Ａ５判１６６頁／１７００円

東出融＝文・本田麗子＝絵…山や森・太陽・落ち葉…自然にしかつくれない伏流水はすべての生き物に欠かすことのできないごちそうだ。安心して暮らせる地球のために森を守り育てよう。環境問題を新たな視点から描く啓蒙書。

いのちの森と水のプロジェクト

Ａ５判上製６０頁／１８００円

みんなで本を出そう会編…一人では無理でも、何人か集まれば、誰でも本が出せる。出版しなければ、何も残らない。しかも本を出せば、あちこちからお呼びがかかるかもしれない。同人誌ならぬ同人本の第1弾！

世のため人のため自分のための地域活動

～社会とつながる幸せの実践～

４６判２４７頁／１８００円

斎藤祐子著…天と地の無限のパワーを取り込んで、幸せにゆたかに生きよう。人生に平安と静けさ、喜びをもたらす「21の心得」とその具体的実践方法を学ぼう。心と体のトーニング・セラピストがいつでも、どこでも、誰にでもできる「Ｆｕｊｉ（不二）トーラス呼吸法」を初公開！

人生が喜びに変わる1分間呼吸法

Ａ５判２４９頁／２２００円

志田清之著…1日1回で完了するプログラム「サイコリリース療法」は、現役医師も治療を受けるほどの注目度だ。新進気鋭の心理カウンセラーによる心身症治療とその考え方、実践方法を公開！

心を軽くする79のヒント

不安・ストレス・うつを解消！

４６判１８８頁／２０００円

※表示価格はすべて本体価格です。別途、消費税が加算されます。